2021年7月 改訂版

生協監事のガイドブック

監査の基本と実務のポイント

麻野 浅一 著

日本生活協同組合連合会

はじめに

（本書のねらい）

先般、こんな話を持ちかける人がいました。

“生協の監事に就任したものの、監事は何をしなければならないのか、監査のことがよくわからないで困っているという新任監事の方がいる。そんな監事さんのために、「監事」とは何か、「監査」は何をすればよいのかについて、わかりやすい本を書いてほしい”というのです。

これは、新任監事さんだけでなく、どんな分野にもよくあることで、ご心配は無用です。監事はほとんどが素人上がりですので、“未知”なるがゆえの不安です。その人たちが、１年２年とキャリアを積んでベテランになっていくのです。

新任監事さんの役に立つわかりやすい本が書けるならと思って引き受けました。しかし、ベテランの監事さんのお役にも立ちたいと思って書いているうちに、つい深みにはまり込んだ部分もありますが、監事監査の「基本」と「実務のポイント」に真正面からアタックしたつもりです。きっとお役に立てていただけると願っています。

（本書の特色）

生協監事に必要な知識は、大きく分けて三つあります。監査の場所である「生協」の知識と、監査の対象である「生協理事」の知識と、監事がしなければならない「監査」の知識です。

このうち、本書で取り上げるのは、「監査」の知識です。「生協」と「生協理事」の知識については、すでにお持ちの方や肌で感じておられる方が多いと思いますので、その知識を手助けにして読んでいただけることを想定して、この書物を書きました。特に、理事さんから監事さんになった方は、業務の執行に携わる理事の仕事と、業務執行から一定の距離を置いて理事の職務の執行を監査する監事の仕事の違いを理解することがまずもって大切です。例えば、同じように理事会に出席していても、理事さんと監事さんでは期待されている役割が違います。本書を通じて「監査」という仕事について、イメージを深めていただければ幸いです。

記載の内容は、監査の基本となる「考え方」と「実務のポイント」を簡潔に示すこととし、叙述にあたっては、わかりやすく、「How to」よりも「Why？ —なぜ？」の視点から説明するように心がけました。

また、各節の冒頭に質問「Q」を設けて、その節のテーマの核心を示し、節の終わりには「Q」に対応した「この節のポイント」を短文で記載しました。頭の整理に役立つと思います。

（本書の構成）

全体を６章に分け、「第１章　監事の監査とは何か」では、監査のもっとも根本的な事柄について説明し、「第２章　監査する前に知っておくこと」「第３章　１年間の監査実務のポイント」では、監査の実務的な話をする前提として知っておくべき知識をまとめて記載しました。

「第４章　業務監査のどこにポイントを置くか」では、監査実務の柱である業務監査の基本的な考え方と、理事会監査や内部統制システム監査などの業務監査の中心テーマについて、実務のポイントを示しました。

「第５章　会計監査にどう取り組むか」では、会計の素人である生協監事が、どんな考え方とどんな方法で会計監査に取り組むかについて、具体的な会計監査のチェックポイントを挙げて説明しました。

「第６章　監査報告書の作成と提出」では、公認会計士等の監査を受けている生協と受けていない生協の監査報告書の記載内容の違いについても例示しました。

はじめに

新任の監事さんが本書を読まれるにあたって、次の言葉を贈ります。この言葉を常に念頭において、本書を読み、監査の職務に従事してください。

- **自分や自生協の身の丈に合った監査をしましょう。**
- **木の枝葉ばかり見ないで、森全体を見る監査を心がけましょう。**
- **重箱の隅をつつく監査、現場の欠点をあげつらう監査にならないように注意しましょう。**

2013年7月

麻野 浅一

※ 今回の改訂版は、主に2019年の生協法改正（2021年3月施行）との関係で、若干の改訂を行ったものです。

この「はじめに」は、『改訂版 生協監事のガイドブック』（2013年9月刊）を刊行した際に、著者の麻野浅一様にご執筆いただいたものです。本書のねらい・目的、特色、構成、麻野様からの新任監事向けのメッセージが盛り込まれているので、今回の改訂版においても引き続き掲載しています。

≪目　　次≫

≪ 図 表 一 覧 ≫

第１章　監事の監査とは何か

第1節　なぜ、監事は理事を監査するのか

Q1　監事は、なぜ理事を監査しなければならないのですか。
監事は、生協と委任関係にあるといわれていますが、どんな仕事を委任され、どんな義務を負っているのですか。

(1) 理事と監事は生協と「委任関係」にある

生協監事の監査についてお話しするにあたって、まず、監事監査のもっとも根源となる事柄について考えてみます。

生協の理事と監事は、総(代)会で組合員によって選出されますが（生協法28条①⑨)、生協とは委任の関係にあると生協法で規定しています（生協法29条の2、民法643～656条)。

組合員は、自分たちの生協が健全で持続的に発展することを願っており、そのために、

① 理事に対して、忠実に生協の経営を行うことを委任し（生協法30条の3①)、

② 監事に対しては、理事の職務の執行が適正に行われているかどうかを、理事から独立した立場にたって監査することを委任します(生協法30条の3②)。

そして、理事と監事が両者相まって、生協の健全で持続的な成長を確保することを負託しています。

(2) 委任を受けた者の二つの義務

理事と監事は生協と委任関係にありますが、この「委任」という関係のために、理事と監事それぞれに、組合員に対する基本的な義務が生じることになります。

「委任」とは、人に仕事を頼む契約方法ですが、同じような方法に「雇用」と「請負」があります。

「雇用」は、仕事を受けた人が使用者の指揮下に入って仕事をし、使用者がこれに報酬を支払うという方法です。「請負」は、家屋の建築や土木工事などのように、請け負った人が仕事の完成を全責任を持って引き受け、その成果に対して報酬が支払われるという方法です。

これに対して、「委任」は、他人に一定の仕事の処理を委託し、相手がそれを受託することによって契約が成立する方法ですが、「雇用」のように委任した人の指揮下に入って仕事をするのではなく、受任者が自分の判断と裁量で仕事を処理するという点と、「請負」のように結果の完成を必ずしも必要としないという点で大きな違いがあります。

このように、「委任」という方法は、“自分の裁量で仕事をする”、“結果の完成を必要としない”という契約ですので、委任する者としては野放しにして、仕事を頼むわけにはいきません。そのため、「委任」の契約を規定している民法では、受任者に対して次の二つの義務を課しています。

①　受任者は、善良な管理者の注意をもって、職務を執行しなければならない（民法644条）

例えば、受任した理事や監事は、委任者である組合員の指揮命令に従って仕事をするのではなく、自分の判断で仕事をしますので、誰が見ていなくても、常に善良な管理者としての注意義務を尽くして職務を執行しなければなりません。

「善良な管理者の注意義務」とは、“善管注意義務”といいますが、特別な義務ではなく、その人が持っている能力や注意力に関係なく、例えば、理事や監事という地位や職務に対して、組合員が通常期待している程度の一般的な注意義務をいいます。

②　受任者は、受任業務の処理の経過および結果を、委任者に報告しなければならない（民法645条）

受任業務は、通常、請負のように仕事が完結するわけではありませんし、雇用のように常に使用者の監視下で仕事をするわけでもありません。そのため、委任者は受任者がどんな仕事をしているかわかりませんので、受任者が受任した仕事の処理の経過と結果について、一定の期間を区切って委任者に報告して承認を得なければなりません（民法645条）。

(3) 理事と監事の受任義務

上記の二つの受任義務を、理事および監事に当てはめると、次のようになります。

1)　理事の受任義務

①　理事としての**善管注意義務**を尽くして、職務を執行する義務（生協法29条の2）。

②　職務執行の経過と結果を明らかにするために、**決算関係書類・事業報告書**を作成して、委任者である組合員に報告する義務（生協法31条の9②⑦⑧）。

2)　監事の受任義務

①　監事としての**善管注意義務**を尽くして、1）の理事の受任義務の履行状況を監査する義務

②　監査の方法と結果を明らかにするために、**監査報告**を作成して、委任者である組合員に報告する義務(生協法30条の3②)

平たくいえば、「監査」とは、ある人の行為を第三者が調査して、調べた結果を依頼した人に報告をすることですが、生協監事の「監査」の場合は、理事の行為を、第三者である監事が調査して、その結果を依頼人である組合員に報告することといえます。したがって、監事は自分の監

査報告に強い責任を持つことが必要です。

＜図表 1-1＞は、このような組合員と理事と監事との委任・受任の関係を示したものです。①→②→③→④と順を追ってご覧ください。

＜図表 1-1＞　組合員、理事、監事の委任・受任の関係

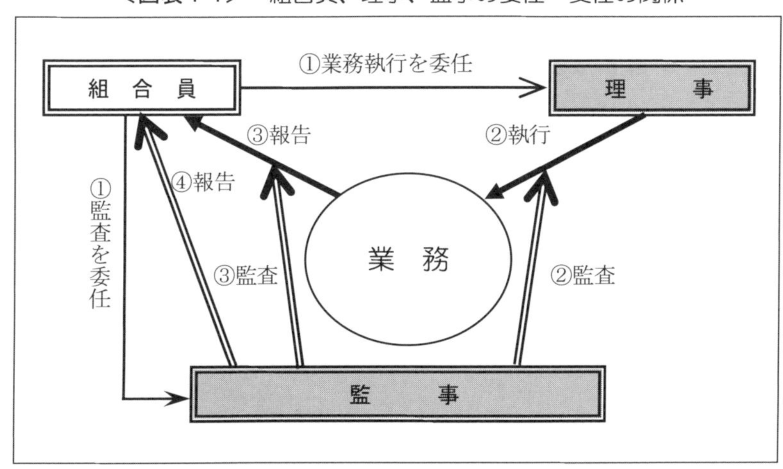

(4) 監事の監査の目的

日本生協連が公表している『生協監事監査基準モデル』(2012 年 9 月 24 日改定) の第 2 章に、“監事の責務”として＜図表 1−2＞の規定があります。

＜図表 1−2＞　監事の責務（監査の目的）

監事は、組合員の負託を受けた独立の機関として理事の職務の執行を監査することにより、持続的な発展を可能とする組合の健全な運営と社会的信頼に応えるガバナンスを確立する責務を負っている。

つまり、監事は、組合員に代わって理事の職務の執行を監査することにより、生協の持続的な発展を目指して、健全な運営と社会的信頼に応えるガバナンスを確立するよう努めなければならないということです。これが監事の責務であり、監査の目的でもあります。そのためにも、理事と監事の信頼関係の構築が何より重要です。

(5) 監事の善管注意義務とは

監事は、“善良な管理者としての注意義務（善管注意義務）”を尽くして、理事の職務執行を監査しなければなりませんが、本節の（2）で述べたように、“善管注意義務”とは、その人の持っている能力や注意力には関係なく、「監事という職務・地位にある者」に対して、組合員が通常期待している程度の一般的な注意義務をいいます。

監事の善管注意義務とは、具体的にどのようなものかという定義はありませんが、『生協監事監査基準モデル』の第４条に“監事の心構え”として＜図表1−3＞のような規定があります。この規定は、監事の基本的な行動指針として示されたものですが、組合員が監事に期待している善管注意義務でもあるといえます。

監事は、このような姿勢で、気を抜かず日々の監査に臨むことを心がけたいものです。

＜図表1−3＞　監事の心構え（善管注意義務の一例）

（監事の心構え）

第４条

（公正不偏の態度）

１　監事は、独立の立場の保持に努めるとともに、法令及び定款並びに監事監事規則（幹事会規則）を遵守し、組合及び組合員、その他の利害関係者のために常に公正な不偏な態度をもって、その職務を執行しなければならない。

（自己研鑽）
2　監事は、監査を実施するために必要な知識および技術の習得に常に努めなければならない。
（適正な監査視点）
3　監事は、適正な監査視点を形成するために、経営全般の見地から経営課題についての認識を深め、経営状況の推移と組合をめぐる環境の変化を把握するよう努めなければならない。
（意思疎通の確保）
4　監事は、平素より組合及び子会社等の理事若しくは取締役及び職員等との意思疎通を図り、情報の収集及び監査の環境の整備に努めなければならない。
（情報の共有）
5　監事は職務上知り得た重要な情報を、他の監事と共有するよう努めなければならない。
（適正な意見形成）
6　監事は、監査意見を形成するにあたり、よく事実を確かめ、判断の合理的根拠を求め、その適正化に努めなければならない。
（秘密保持）
7　監事は、その職務の遂行上知り得た情報の秘密保持に十分注意しなければならない。
（理事への説明）
8　監事は、持続的な発展を可能とする組合の健全な運営と社会的信頼に応えるガバナンスの確立と運用を果たすため、監事監査の環境整備が重要かつ必須であることを、代表理事を含む理事に理解し認識させるよう努めなければならない。

≪この節のポイント≫

＊理事と監事は、組合員から、生協の健全で持続的な成長を確保することを「委任」されています。

＊そのため、理事は、①善管注意義務を尽くして、職務を執行し、②決算関係書類・事業報告書を作成して組合員に報告する義務を負っています。

＊監事は、①善管注意義務を尽くして、理事の上記の義務の履行状況を監査し、②監査報告を作成して組合員に報告する義務を負っています。

＊監事の善管注意義務とは、監事という職務・地位に対して、組合員が通常期待している程度の一般的な注意義務をいいます。

第2節　理事の何を監査するのか

Q2　監事は、理事の何を監査の対象にするのですか。

前節で述べたように、監事の職務は、理事が組合員から受任した職務の執行状況を監査することですが、そのために、監事は、理事会やその他の重要な会議に出席し、また、理事や職員などから受けた報告内容の検証や、組合の業務および財産の状況に関する調査などを行って、必要な場合には、理事や職員などに対して意見や助言・勧告を行うなどの措置を適時に講じなければなりません。

このような監事の職務は、業務監査と会計監査に分けて考えられています。

しかし、業務の監査をするのが業務監査であり、会計の監査をするのが会計監査であるというとらえ方をするのではなく、前節（3）で述べた理事の受任義務に焦点を当てて、「業務監査」は、理事の善管注意義務の履行状況を監査することであり、「会計監査」は、理事の報告義務の履行状況を監査することであると考えると、監査の本質が理解しやすいと思います。

（1）業務監査とは

業務監査は、理事の職務の執行を監査の対象にした**執行実態の監査（善管注意義務の監査）**です。

監事は、組合員から生協経営の委任を受けた理事が、善管注意義務を尽くして業務を執行しているか、そして、法令・定款・規約および総会の決議を遵守し、自分の利益よりも組合の利益を優先し忠実義務を尽くして職務を行っているか（生協法30条の3①）という観点から、理事の職務執行が、適法かつ適正に行われているか否かを監査しますが、それは事後的な監査にとどまらず事前の「予防監査」にも及びます。つまり、業務監査は理事の行為全般の監視といえます。

(2) 会計監査とは

会計監査は、会計に関する帳簿や書類などを監査の対象にした**開示情報の監査（報告義務の監査）**です。

理事は、毎事業年度に、自分が受任した業務執行の状況（経過と結果）を、委任者である組合員に報告するための決算関係書類と事業報告書を作成します。

会計監査とは、決算関係書類とその附属明細書を監査することをいいますが、事業報告書も事業年度ごとに組合員に報告するための書類ですので、監事は、それらも含めて書類の内容が適法かつ適正であるかを監査します。つまり、会計監査は報告書類の検証ともいえます。

もちろん、決算関係書類や事業報告書は経営活動の実態を投射した鏡のようなものですから、書類の適正さを検証するためには、現場・現物・実態の監査が不可欠であることはいうまでもありません。

業務監査と会計監査については、第４章と第５章で、それぞれの監査の考え方と実務のポイントを説明します。

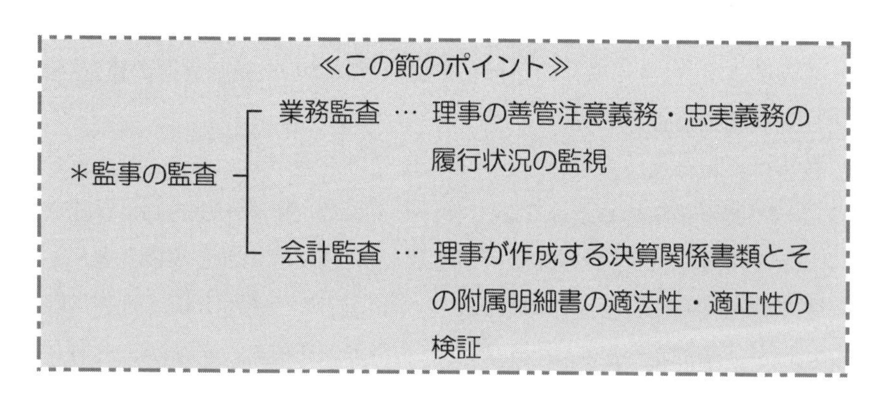

第2章　監査する前に知っておくこと

第1節　生協法の中の「監事」の規定

Q3　生協法には、監事のどんなことが規定されているのですか。

(1) 生協法の大改正による監事の権限と独立性の強化

1) 生協法の大改正とその趣旨

消費生活協同組合法（生協法）は、1948年（昭和23年）に公布されましたが、その後大きな改正は行われず、2007年（平成19年）に59年ぶりに抜本的、総合的な大改正が行われました。

現在の生協は、設立当初と比べると規模が拡大して、経済主体としての責任が増大するとともに事業も複雑化しています。そのため、急速な社会・経済の状況の変化に、適正で迅速に対応できる経営体制の整備が必要になってきたことと、生協が社会の一員として、社会的責任に応えられる組織の構築と開かれた運営が必要になりました。

「このままでは、世間の動きに取り残される」。これが、生協法の大改正が行われた理由です。

2) 生協の機関運営の強化と明確化

生協法の改正にあたっては、旧商法が、経済社会の急激な変化に対応するために、1945年（昭和20年）以降、大小48回の改正が行われて、2005年（平成17年）に新しい法律である会社法に引き継がれたことを踏まえて、会社法の内容を生協法に大幅に取り入れました。

特に、効率的で健全な法人経営を可能にするために、次のようなガバナンス（生協経営の仕組み）の強化に力が注がれました。

3) 組合の機関

生協法では、組合の機関として、次の四つを柱としています。

① 総(代)会　…生協の最高の意思決定機関です。
② 理事会　…生協の業務執行を決定し、業務の執行を監督します。
③ 代表理事　…理事会が決した業務の執行を司ります。
④ 監　事　…理事会・代表理事の職務の執行を監査します。

旧生協法は総(代)会中心主義で、理事会は法定されていませんでしたが、改正生協法では、理事会の設置が法定され、理事会の権限が強化され、運営のルールが明確になりました。

それに関連して、理事会や代表理事による業務執行に対するチェック機能を強化するために、監事の権限、独立性、監査体制も次のように強化されました。

(2) 監事に関する生協法の基本的な規定

生協法では、組合には役員として理事と監事を置くと規定していますが（生協法27条①)、理事と監事のベースとなる基本的な条文は、次の二つです。

1) 組合と理事・監事との関係（生協法29条の2）

組合と理事および監事の関係は、民法643～656条(注)の委任に関する規定に従います。

そのため、理事と監事は、組合に対して善管注意義務と報告義務を負います。

(注) ① 民法644条（受任者の注意義務）　受任者は、委任の本旨に従い、善良な管理者の注意をもって、委任事務を処理する義務を負う。
② 民法645条（受任者による報告）　受任者は、委任者の請求があるときは、いつでも委任事務の処理の状況を報告し、委任が終了した後は、

遅滞なくその経過及び結果を報告しなければならない。

2）理事と監事の職務・権限等（生協法30条の3）

理事は、法令・定款・規約・総(代)会決議を遵守し、組合のために忠実にその職務を行わなければなりません。

監事は、その理事の職務の執行を監査し、監査報告を作成しなければなりません。

(3) 監事に与えられた権限と義務

生協法は、監事に、“理事の業務執行を監査する”という職務を履行させるために、オールマイティともいえる権限を与えています。

与えられた権限(することができる)を必要なときに行使することは、義務（しなければならない）でもあります。“することができる”のにしないのは、監事の重大な善管注意義務違反、任務懈怠(けたい)です。監事は日常の監査に追われているからといって、こんなに大きな権限＝義務を与えられていることを忘れてはいけません。

1）報告を求める権限と業務・財産の調査権

（生協法30条の3③→会社法381条）

監事は、いつでも、理事や職員に対して事業の報告を求め、組合の業務・財産の状況を調査することができます。

また、必要があるときは、子会社に対しても同様の権限行使ができます。

2）理事会への出席義務等（生協法30条の3③→会社法383条）

監事は、理事会に出席して、必要があるときは意見を述べなければなりません。

また、監事は、必要があるときは理事会の招集を請求することができます。それでも招集されないときは、請求した監事は、理事会を招集することもできます。

3）理事の監事への報告義務（生協法30条の3③→会社法357条①）

理事は、組合に著しい損害を及ぼす事実があることを発見したときは、ただちに、その事実を監事に報告しなければなりません。

4）監事の理事会への報告義務（生協法30条の3③→会社法382条）

監事は、理事の不正行為またはそのおそれ、法令・定款に違反する事実、著しく不当な事実があると認めるときは、遅滞なく理事会に報告しなければなりません。

5）理事の行為差止め（生協法30条の3③→会社法385条）

理事が、組合の目的外の行為、法令・定款に違反する行為をし、またはそのおそれがある場合で、組合に著しい損害が生じるおそれがあるときは、監事は、その理事に対してその行為を止めるように請求することができます。

しかし、監事には、その前に助言、勧告をして未然にリスクを防止することが期待されています。

6）組合と理事との間の訴えにおける組合の代表

（生協法30条の3③→会社法386条）

組合と理事との間で訴訟問題があるときは、監事が代表理事に代わって組合を代表します。

7）総(代)会に対する報告義務（生協法30条の3③→会社法384条）

監事は、理事が総(代)会に提出する議案・書類などを調査し、法令・

定款に違反しまたは著しく不当な事項があると認めるときは、総(代)会に報告しなければなりません。

(4) 監事の独立性を確保するための規定

監事は、理事を監査するのですから、監査の対象である理事から常に独立していることが必要です。そのため、生協法は、監事の理事からの独立性をサポートするために次のような規定を置いています。

1) 役員の兼職禁止（生協法31条）

監事は、監査対象である代表理事から独立するために、理事・使用人を兼ねることはできません。自分が監査対象である理事になったり、代表理事の支配下に入ることを避けるためです。

2) 監事の選任議案の同意権、選任議題・選任議案の提出請求権

（生協法30条の3③→会社法343条）

監事の選任制を採用している組合の理事は、監事の選任議案を総(代)会に提出する場合は、監事の独立性を確保するために、あらかじめ監事の過半数の同意を得ることが必要です。

3) 監事の選任・解任・辞任についての総(代)会での意見陳述権

（生協法30条の3③→会社法345条）

監事は、監事の独立性に留意して、監事の選任・解任・辞任について意見があるときは、総(代)会でその意見を述べることができます。

4) 監事の報酬等（生協法30条の3③→会社法387条）

監事の報酬等は、定款にその額を定めていないときは、総(代)会の決議によって決めますが、監事一人ひとりの報酬等は、総(代)会で決議さ

れた総額の範囲内で、監事の協議によって決めます。理事が監事の報酬の決定に介入することは許されません。

また、監事は、総(代)会で監事の報酬について意見を述べることができます。

5）監事の費用等の請求（生協法30条の3③→会社法388条）

監事は、その職務執行に必要な費用を組合に請求することができます。

組合は、その費用が監査のために必要でないことを証明しなければ、これを拒むことができません。

したがって、監事も計画的に正当性のある費用の請求に心がけるべきです。

（5）監査品質向上のための規定

生協の監事は、通常、組合員の中から選出されますが、規模が大きくなってくると監事の仕事も質量ともに増加してきますので、監査の品質を維持・向上するための対策が必要になります。そのため、生協法では、一定規模以上の生協には、次のような監事や会計監査人を置くことを義務づけています。

1）員外監事（生協法28条④、施行令9条）

負債総額が200億円を超える大規模生協では、監事のうち１人以上は、組合員等以外の者で、過去５年間その組合の理事・使用人、子会社の取締役・使用人などでなかった者でなければなりません。

これは、組合員以外から、広い視野、専門的知識、より高い独立性のある人材を求めて、監査品質の向上を図ることがねらいです。

2）常勤監事（生協法28条⑥、施行令９条）

負債総額が200億円を超える大規模生協では、監事の互選で常勤の監事を決めなければなりません。

これは、常勤監事を置くことによって、監査時間が増加し、監査内容が充実するとともに組合内部の業務を熟知した視点からの監査品質の向上が期待できるからです。

3）会計監査人（生協法31条の10①）

元受共済事業（注）を行う生協であって負債総額が200億円を超えるもの、または元受共済事業を行う連合会は、決算関係書類とその附属明細書について、監事の監査のほか「会計監査人（公認会計士または監査法人）」の法定監査を受けなければなりません。

これは、職業的専門家である会計監査人の監査を受けることによって、生協の決算関係書類とその附属明細書の適正性と信頼性を確保するためです。

（注）元受共済事業とは、共済契約の当事者として、共済金の支払責任を負う事業をいいます。これに対して受託共済事業は、元受共済生協と組合員との間に立って、勧誘などの業務を元受共済生協から受託して行う事業をいいます。「共済代理店」とも呼ばれています。

（6）監事に関するその他の規定

1）役員の定数（生協法27条）

組合には、役員として理事および監事を置かなければなりません。

理事の定数は５人以上と、監事の定数は２人以上と規定しています。

2）役員の選挙（生協法28条）

理事・監事は、定款の定めにより、総(代)会で「選挙」するか、「選任」することができます。

理事は組合員・会員法人の役員でなければなりませんが、特別の事由があれば、理事の定数の３分の１以内は組合員や会員法人の役員以外の人を選出することができます。

監事は、組合員や会員法人の役員である必要はありません。

3）役員の任期（生協法30条）

理事の任期は２年以内、監事の任期は４年以内の定款で定める期間と規定していますが、多くの生協では、選挙の都合もあって、監事の任期を理事の任期に合わせて２年としています。

4）役員の補充（生協法29条）

理事･監事のうち､その定数の５分の１を超える欠員ができたときは、３ヵ月以内に補充しなければなりません。

5）役員に欠員が生じた場合の措置（生協法30条の2）

生協法または定款で定めた役員数に欠員が生じた場合には、任期満了または辞任によって退任した役員は、新たに選任された役員が就任するまでは、引き続いて役員としての職務を行わなければなりません。

なお、行政庁の職権で、一時役員の職務を行うものを選任することもできます（同条２項）。

6）役員の組合に対する損害賠償責任（生協法31条の3）

役員は、その任務を怠ったときは、組合に対して、これによって生じた損害を賠償する責任を負います。

ただし、責任の一部を免除することもあります。

7）役員の第三者に対する損害賠償責任（生協法31条の4）

役員に悪意または重大な過失があったときは、これによって第三者に生じた損害を賠償する責任を負います。

注意を怠らなかったことを証明しない限り、次の行為も同様とします。

理事　決算関係書類とその附属明細書・事業報告書とその附属明細書の重要な虚偽の記載、虚偽の登記、虚偽の公告

監事　監査報告の重要な虚偽の記載

8）役員の連帯責任（生協法31条の5）

役員が損害賠償責任を負う場合に、他の役員も同じ賠償責任を負うときは、連帯債務者となります。

9）役員との補償契約（生協法31条の6）

役員に対し、責任追及等への対応費用（争訟費用）や第三者に対する損害賠償金を生協が補償する旨の補償契約を、理事会決議を得て締結することができます。

10）役員賠償責任保険（生協法31条の7）

組合は、役員のために、役員が責任を追及された場合の対応費用や損害賠償金等による損害を填補するための保険を、理事会決議を得て締結することができます。

11）役員の責任を追及する訴え（生協法31条の8）

組合員から、役員の責任追及等の訴えを起こすことができます。

12）役員の解任（生協法33条）

組合員は、総組合員(総代)の５分の１以上の連署をもって、役員の解任を請求することができ、その請求について総(代)会で過半数の同意があったときは、解任されます。

≪この節のポイント≫

＊現在の生協は、急速な社会・経済の状況変化のなかにあって、その規模が拡大し、社会の一員としての社会的責任に応えられる経営体制の整備が求められています。

＊そのため、改正生協法では、効率的で健全な経営を目指して、生協のガバナンスの強化に力が注がれ、監事に関しては、次のような規定をおいて、監事の職責、権限、独立性、監査体制を強化しました。

① 監事は、組合と委任の関係にあり、理事の職務執行を監査し、監査報告を作成する義務を負います。

② 監事は、組合全体に関する監査権限が与えられ、一方で理事会出席などの義務が課されています。

③ 監事の独立性を確保するために、兼職禁止、選任同意権、監査報酬協議権などの権限が与えられています。

④ 監事の監査品質向上のために、大規模生協には、員外監事と常勤監事の設置が義務づけられています。また、大規模共済生協などには、会計監査人の設置も義務づけられています。

＊監事は、生協法が監事に与えた権限と義務の趣旨をよく理解して、職務に善管注意義務を尽くす必要があります。

第２節　『生協監事監査基準モデル』と『生協監事監査実施要領』の使い方

Q４　『生協監事監査基準モデル』は、監事にとって監査の道しるべであるといわれていますが、どのようなことが書かれているのですか。
また、『生協監事監査実施要領』と、どのような違いがあるのですか。

(1)『生協監事監査基準モデル』のねらい

生協監事がまず勉強しなければならないのは、『生協監事監査基準モデル』と『生協監事監査実施要領』です。

『生協監事監査基準モデル』は、生協監事に期待されている職務と心構えを明らかにし、監査にあたっての規範、行動の指針を定めたものです。

日本監査役協会の『監査役監査基準』を参考にして、生協監事に期待されている役割とその職責を果たすために、監事に対する法的な要請にとどまらず、内外から評価される監査実務のあり方、責任のとれる監査のあり方が明示されています。

監事は、組合員の負託を受けた独立の立場に立って、理事の職務執行を監査することにより、生協の健全で持続的な成長を確保することが基本責務であると強く訴えています。

『生協監事監査基準モデル』の内容は＜図表 2−1＞のとおりですが、監事が監査にあたっての規範となること、体系的な行動基準・具体的な実務指針とすることを目指しています。

したがって、このモデルは「各生協がそれぞれの監査環境等に応じた監査基準を設定するときの参考になる」ものであるとともに、自生協の監査基準を設定しない生協においては、監事監査の指針として直接に参照され、参考とされる「生協監事の実践的な道しるべ」としての性格を有するものです。

<図表２−１>　『生協監事監査基準モデル』の構成

第１章　目的
第２章　監事の職責と心構え
第３章　監事及び監事会
第４章　監事監査の環境整備
第５章　業務監査
第６章　会計監査
第７章　監査の方法
第８章　組合員代表訴訟への対応
第９章　監査の報告

(2)『生協監事監査実施要領』の使い方

『生協監事監査基準モデル』が、監事監査の体系的な行動基準であるのに対して、『生協監事監査実施要領』は、具体的な監査の仕方、“監査の How to”を示したものです。

この「実施要領」は、総(代)会直後から次の総(代)会終了時までを時系列的に記載してありますので、始めから終わりまで通して読むのではなく、それぞれの監査の場面における、関係個所を拾い読みし、あるいは、そこに記載されている監査の方法を参考にして実際の監査を効率的に実施することをお勧めします。

この「実施要領」は、生協監事監査のベストプラクティス（最良の事例）を志向していますので、それぞれの生協の実態を踏まえて、背伸びをし過ぎないように、しかし有効にお使いください。

<図表２−２>　『生協監事監査実施要領』の構成

第１章　監事の選出、常勤監事の選定、監事報酬
第２章　監査環境の整備
第３章　監事会
第４章　監査方針及び監査計画
第５章　公認会計士等との連係
第６章　代表理事との定期的会合
第７章　内部統制システムに係る監査
第８章　日常監査
第９章　会計監査、決算監査
第１０章　監査報告の作成・提出
第１１章　総(代)会
第１２章　損害賠償責任の一部免除、組合員代表訴訟

≪この節のポイント≫

＊『生協監事監査基準モデル』は、監査にあたっての規範として、また、体系的な行動基準として、折に触れて読み込んでください。

＊『生協監事監査実施要領』は、総(代)会直後から次の総(代)会終了時までを時系列的に具体的に記載してあります。
あなたが、何かの監査をする際には、その関係個所を拾い読みし、あるいは、その個所の監査の方法を参考にして監査を効率的に実施してください。安心して仕事ができると思います。

第３節　監査のための環境作りと体制の整備

Q５　監事は、実効性のある監査をするために、どのようなことを心がける必要がありますか。

(1) 監査しやすい環境を作る

監事は、生協の持続的で健全な運営と社会的信頼を確保するために、善管注意義務を尽くして監査に従事しなければなりません。そのため、第１節で述べたように、生協法では、監事の権限・義務を明確にし、理事からの独立性を確保するための規定を設けています。

しかし、それだけでは十分ではありません。監査の実効性を確保するために何よりも重要なことは、監事自身が、次のような監査しやすい環境を作ることが不可欠です。

1) 監査に対する理事の理解を深める

監事は、生協の健全な運営と社会的信頼を確保するためには、「監査」が不可欠であることを、監査の対象である代表理事を含む理事全員に対して、よく理解してもらい認識してもらうように努めなければなりません。

2) 代表理事との定期的会合を持つ

生協の情報をもっともよく知っており、重要な情報の発信源であるのは、生協経営の最高責任者である代表理事です。監事が、代表理事と意見交換のパイプを作って、相互認識と信頼関係を築くことは、有効な監査をするためにもっとも重要な事柄です。

そのため、監事は、代表理事と定期的に会合を持ち、代表理事の経営方針を確かめるとともに、生協が対処すべき課題や生協を取り巻くリスクなどについて意見を交換することが必要です。監事からも監査の環境整備の状況や監査上の重要課題などについて情報を提供することも大切です。

さらに、代表理事だけでなく、業務執行理事に対する定期的な会合も実施できれば、その効果は大きいと思います。

3）理事・職員との意思疎通の確保に努める

生協法施行規則58条2項には「監事は、その職務を適切に遂行するため、当組合の理事･使用人、子会社の取締役･使用人等との意思疎通を図り、情報の収集及び監査の環境の整備に努めなければならない。」と規定しており、監査環境を整備することは、監事の善管注意義務であるとしています。

加えて、「この場合において、理事及び理事会は、監事の職務の執行のための必要な体制の整備に留意しなければならない。」と規定して、監査環境の整備は、理事の善管注意義務でもあるとしています。

理事の職務執行は、生協の隅々にまで及んでいます。そのため、監事は、生協や子会社の必要な部門から情報が収集でき、監査しやすい環境を作っておくことが重要です。

4）監事に対する報告体制を整備する

① 監事は、理事･職員などから報告してほしい事項を整理して、その報告体制を整備することが必要です。

② 監事は、理事が生協に著しい損害を及ぼすおそれのある事実があることを発見したときは、これをただちに監事に報告するよう、理事に求めなければなりません。

③ その他、監事は、理事との間で、監事に対する定期的な報告事項および報告担当者を、あらかじめ決めておくことが必要です。

④ 監事は、実効的で機動的な報告がなされるよう、理事と協議して

決定した報告事項・報告体制を規定化することを、代表理事に求める必要があります。

(2) 充実した監査をするための監事の体制を作る

前項 (1) は、監事が監査しやすくするための監査の対象（理事や職員）に関する整備ですが、充実した効率的な監査を実施するためには、監査する側の自分たちの体制を整備することも、監事の重要な任務です。

生協法では、負債総額が200億円を超える大規模生協に、常勤監事と員外監事（生協法 28 条⑥④）の設置を義務づけていますが、生協法に定めがないそれ以外の生協であっても、充実した監査をするために「常勤監事」を置き、生協外部の識見を取り入れるために「員外監事」を置くことができます。

また、監事相互の効率的な協力体制を構築するために「監事会」を設けたり、監事の監査をサポートするために「監事スタッフ」を設置したりして、監査の実効性の確保に努めることは、監事の責務でもあります。

1) 常勤監事の設置

常勤監事は、常勤者としての特性を踏まえて、監査の環境の整備および生協内の情報の収集に積極的に努め、また、内部統制の構築・運用の状況を日常的に監視し検証します。

常勤監事の役割は、日常的な監視・検証の実施と情報の収集、非常勤監事に対する情報の提供とその共有化に努めて、監査の品質を高めることにあります。また、常勤監事は、監事会の実効性ある運営のカギを握っています。監事会が有効に機能するかどうかは常勤監事の腕次第ともいえます。

2）員外監事の設置

員外監事は監査体制の独立性・中立性・専門性を高めるために選出されますので、員外監事は選出された理由などを踏まえて、中立の立場から客観的に監査意見を表明することが期待されています。特に、員外性（独立性、中立性、専門性）を自覚して、代表理事および理事会に対して忌憚（きたん）のない質問をし、意見を述べることが必要です。

なお、組合員である有識監事も、員外監事と同様な役割を果たす存在として、認識することも大切です。

3）監事会の設置

会社法では、大会社（資本金５億円以上または負債総額200億円以上の会社）には監査役会の設置が義務づけられており、それ以外の会社も定款で規定すれば、法定の監査役会を設置することができます。一方、生協法では、機関としての監事会の設置を認めていません。

しかし、各生協が任意に監事会を設置することは可能ですので、多くの生協では、監査の効率性・実効性を確保するために、監事監査規則などを設けて<u>任意の協議体として</u>監事会を組織しています。

各監事は、職務の遂行の状況を監事会に報告するとともに、監事会を活用して、監査の方針、業務および財産の状況の調査の方法、その他の監事の職務の執行に関する事項を定めます。

各監事は、監事会を活用して監査業務を分担し協力しますが、監事は一人ひとりが独任制の機関ですから、監事会は各監事の権限の行使を妨げることはできません（会社法390条②）。

監事会は、必要に応じて理事および理事会に対して、監事会の意見を表明することができます。また、監事会は、あらかじめ理事と協議して、理事・職員等が監事会に報告すべき事項を定めておき、その報告を受けることもできます。

複数の監事が協力して、計画的・組織的な実効性のある監査を実施するためには、監事会は不可欠の組織です。

4）公認会計士等の設置

生協法では、負債総額が200億円を超える共済事業を行う生協と共済事業を行う連合会に対して、会計監査人の監査を義務づけています。

しかし、それ以外の生協であっても、昨今の生協の事業規模、社会的ポジションに加えて会計基準の国際化・複雑化への対応を考慮すると、会計専門家である公認会計士等（公認会計士・監査法人）の監査を受けて決算関係書類の信頼性を確保する必要が高まっていることはいうまでもありません。

生協法で定められた法定の監査ではありませんが、生協ごとに「公認会計士監査規約」などを定め、決算関係書類の信頼性確保に取り組んでいるケースが増加しています。

5）監事スタッフの設置

監事は、監査の実効性を確保するために、必要があるときは、代表理事または理事会に対して、監事の職務を補助する職員（監事スタッフ）などの設置を要請することができます。

監査の実効性を高め、監査の職務を円滑に遂行するためには、監事と監事スタッフの総体として、「監事」に求められる知見（監査、法律、会計、経営、内部統制システムなど）を備えることが望まれます。

生協法施行規則58条2項には、「理事及び理事会は、監事の職務の執行のための必要な体制の整備に留意しなければならない。」と規定しており、監査体制の整備に留意することは、理事・理事会の義務でもあります。

なお、監事スタッフは、監事と同様に、理事などの業務執行者からの独立性が確保されることが必要です。そのため、監事は、次の事項を明確にして、監事スタッフの独立性の確保に努めなければなりません。

①　監事スタッフの権限

②　監事スタッフの属する組織

③　監事スタッフに対する指揮命令権

④　監事スタッフの人事異動、人事評価、懲戒処分などに対する監事の同意権

≪この節のポイント≫

＊実効性のある監査をするためには、生協法の規定に頼るだけでなく、監事自身が監査しやすい環境を作ることが不可欠です。

①　監事監査に対する理事の理解を深める

②　代表理事との定期的会合を持って意思疎通を図る

③　理事・職員との意思疎通の確保に努める

④　監事に対する理事・職員からの報告体制を整備する

＊充実した監査をするための監査体制を作ることも、重要です。

①　常勤監事の設置

②　（員外監事および）有識者監事の設置

③　監事会の設置

④　監事スタッフの設置

第3章　1年間の監査実務のポイント

1　総（代）会終了後の監査実務（6月総（代）会終了後～7月中に）

2　期中の監査実務（7月以降～翌年3月まで）

3　期末決算時の監査実務（翌年2月～5月）

4　総（代）会前の監査実務（5月～総（代）会前まで）

5　総（代）会当日の監査実務

Ｑ６　監事は、１年間の中で、いつ、どんな監査をしなければならないのですか。

第２章では、監事は、監査を始める前に、どんなことに留意しなければならないかについて述べました。

つぎに、監事は、総(代)会で選出された直後から、理事の職務執行を監査するというレベルの高い職務を執行しなければなりませんので、あらかじめ、いつ、どんな仕事をしなければならないかを確認しておく必要があります。

そこで、監事が総(代)会で選出された直後から翌年の総(代)会までの１年間の監査実務の流れについて、３月決算の組合を想定して時系列でまとめました。それぞれの監査活動の内容については、第２章でも触れましたが、次章以降で重点的に説明します。

監事のみなさんは、これによって１年間の監事の職務の全体像を把握するとともに、現時点における監査の位置を確認しながら、個々の監査実務に臨んでください。

１　総(代)会終了後の監査実務（6月総(代)会終了後～7月中に）

(1)　総(代)会終了後の監事会（総(代)会終了後、速やかに行う）

①　監事会議長（招集者）を選定する
②　常勤監事を互選および解職する
③　特定監事を選定する
④　監事の報酬等を協議する

(2) 期初の監事会

(総(代)会前の監事会で内定し、この監事会で決定する)

① 監査方針、監査計画、重点監査項目、監査業務の分担を決定する

② 年間の監事会開催予定日時を決定する

③ 監査費用の予算等を決定する

④ 監事監査の環境整備事項を検討し、理事に対するそれらの要請事項を決定する

⑤ 公認会計士等の報酬等の同意の可否について決定する（報酬の決定時期の監事会で…）

(3) 期初の理事会

① 代表理事の選定、理事長・専務理事・常務理事等の業務執行体制の確認

② 監事から、本年度の監査方針、監査計画の説明と協力の要請（上記（2）①の決定後に行う）

(4) 総(代)会終了後の監査

(常勤監事を設置している場合は、常勤監事が担当する)

① 総(代)会議事録の記載内容を監査する

② 総(代)会後の事務処理状況などを監査する

ⅰ）決議事項の組合員への通知を確認する

ⅱ）剰余金割戻しの実施を監査する

ⅲ）商業登記等を確認する

ⅳ）決算関係書類等（第５章第１節（1）（注）参照）の行政

庁への提出を確認する

ｖ）総(代)会決議事項の実施状況を監査する

③　総(代)会後の法定備置書類を確認する

(5) 代表理事との第１回定期的会合、理事との協議

①　代表理事に、監査方針・監査計画の内容を説明し、円滑な監査活動の保障を要請する

②　本年度の経営方針を確認する

③　組合が対処すべき課題、リスク等について意見交換をする

④　内部統制システムの構築・運用の状況について意見交換をする

⑤　監事の監査環境の整備事項について要請する

⑥　理事からの監事会への報告事項の内容について審議する

(6) 公認会計士等との会合

①　公認会計士等の職務遂行の適正確保体制の通知を受領し、説明を聴く

②　公認会計士等の監査計画の前提となる内部統制の状況、リスクの評価等の説明を聴き、意見交換をする

③　公認会計士等の監査計画、監査項目の説明を聴き、意見交換をする

④　監事の監査方針、監査計画の概要を説明し、意見交換をする

(7) 内部監査部門との連係

①　双方の監査計画を説明し、調整を図る

②　監事の要望事項を説明する

2　期中の監査実務（7月以降～翌年3月まで）

(1) 理事会への出席

①　毎回の理事会案件の内容、資料について事前に検討し、監事会で意見交換をして、監事間で情報を共有した上で出席する

②　会議の席上で、必要に応じて意見を述べる

③　議事録の記載内容を点検する

(2) 日常監査（監視と検証）

①　理事会以外の重要な会議に出席する

②　稟議書・契約書等の重要書類を閲覧する（必要書類の自動回付の仕組みを決めておく）

③　所定の文書・規程類、重要な記録・情報の、整備・保存・管理の状況を調査する

④　理事・職員からの報告を受けて事業の状況を聴取し、理事の業務執行を監査する

⑤　本部・事業所・子会社等の業務・財産の実地調査をする

⑥　内部統制の構築・運用の状況を監査する

⑦　内部監査部門と、双方の監査実施状況の情報交換を行う

⑧　公認会計士等の監査に立会い、意見を聴く

＊　上記の日常監査は、具体的な年間スケジュールをたてて、各監事が、分担に応じて、または共同して実施し、その都度「監査調書」に記録して、監査結果を監事会、必要な関係先へ報告し、必要に応じて業務部門に助言・勧告を行う

<監査調書作成の目的>

①　監事会で情報を共有する手段とする

②　監査報告書作成の拠りどころとする

③　監事の善管注意義務履行の証跡とする

(3) 理事の義務違反の監査

①　自己取引・利益相反取引に忠実義務違反がないか（生協法 31 条の 2）

②　投機を目的とした取引を行っていないか（生協法 98 条①、模範定款例 74 条）

③　関連当事者との一般的でない取引は適正に行われているか（施行規則 119 条）

(4) 期中の会計監査

①　月次の事業概況、損益の状況、資産・負債の状況について、理事・職員から報告を受け、月次の数値の変動状況を把握する

②　月次の数値は、日常監査・内部統制監査で把握した業務・財産の状況と照合して、適正性を判断する

③　月次の数値について、公認会計士等の中間監査の報告を受け、意見交換をして、公認会計士監査の「方法と結果の相当性」を判断する

(5) 期中の監事会

①　理事会の議案等を監査し、議案に関する監事会の意見について審議する

② 必要に応じて、理事・公認会計士等からの報告を受ける
③ 各監事の期中監査の実施状況・監査予定についての報告および審議を行う
④ 理事・職員に対する助言・勧告・その他の対応などの審議を行う

(6) 監事連絡会、監事・監査役連絡会

① 各監事の期中監査の実施状況・監査予定について報告し、連係を図る
② 監事会の付議事項等の事前検討を行う
③ 代表理事との定期的会合、公認会計士等との連係について事前検討を行う
④ グループ連絡会では、監事・監査役の情報の共有化を図る

(7) 代表理事との定期的会合、理事との協議

① 理事から、経営課題その他監事会への報告事項の報告を受ける
② 監査の実施状況とその結果について、理事に報告する
③ 必要があると認めたときには、理事への助言・勧告を行う
④ 内部統制システムの構築・運用の状況についての意見交換をする
⑤ 監査職務の円滑な遂行、監査の実効性確保のための監査体制についての意見交換をする
⑥ 監事監査の環境整備事項に関する理事への要請、および意見交換をする
⑦ 監事の候補者、監事選任議案を決定する手続についての協議をする

３　期末決算時の監査実務（翌年２月〜５月）

(1) 期末監査の事前準備

① 経理部門から、期末決算処理方針を聴取する
② 総(代)会関係日程(決算処理関係日程を含む)の適法性をチェックする
③ 期末監査日程(監事会開催日程を含む)を作成する
④ 監査調書などに基づいて、期中の監査結果を整理する

(2) 期末監査準備時の監事会

① 総(代)会関係日程(決算処理関係日程を含む)の適法性を審議する
② 期末監査計画（監事会日程を含む）および総(代)会終了後までの監事会日程を決定する

(3) 期末監査の実施

① 経理部門から、会計方針、会計処理の方法等説明を聴取する
② 決算関係書類の適正性の調査を行う
③ 事業報告書の記載内容の調査を行う
④ 附属明細書の記載内容の調査を行う
⑤ 剰余金処分案の適法性・相当性の調査を行う
⑥ 理事会における決算関係書類、事業報告書、附属明細書の内容、並びに承認の状況を監査する

(4) 代表理事との会合

① 年度決算について、年度計画と対比して意見交換をする
② 理事から、組合が対処すべき課題についての見解、組合に著しい損害を及ぼすおそれのある事実の有無などについて報告を受ける
③ 代表理事から、監事選任に関する提案を受ける

(5) 公認会計士等との連係および会合

① 必要に応じて公認会計士等の監査に立ち会う
② 公認会計士等から会計監査報告を受領し、監査内容の説明を聴取する
③ 公認会計士等の職務遂行の適正性を確保する体制の通知を受ける（変更があった場合）

(6) 監査報告書作成の監事会

① 各監事から監査結果の報告を受け、監査報告書に記載すべき内容について審議する
② 各監事の意見が一致するときは、一通にまとめた監査報告書を作成する。一致が図れなかった場合は、各監事において監査報告書を作成する。
　特定監事から特定理事に提出する
③ 理事会における監査報告の報告者を選定する

(7) 総(代)会議案決定の理事会前の監事会

①　監事選任議案への同意の可否を決定し、同意書を提出する
②　公認会計士等の再任への同意の可否を決定する
③　公認会計士等の選任・解任又は不再任の議案への同意の可否を決定する

(8) 決算理事会

①　公認会計士等の会計監査報告書が、理事会で報告されることを確認する
②　監事の監査報告をする
③　総(代)会招集日時、場所、提出議案、および書類の審議・承認の状況を監査する

４　総(代)会前の監査実務（５月～総(代)会前まで）

(1) 総(代)会前に実施すべき監査

①　総(代)会招集手続の適法性を監査する
②　総(代)会に提出する議案および書類を監査する
③　総(代)会前の法定備置書類を確認する
④　総(代)会における組合員（総代）からの質問に対する説明の準備をする

(2) 総(代)会前の監事会

①　総(代)会招集手続、総(代)会提出議案・書類、法定備置書類等

の監査の実施報告を受け、審議する
② 総(代)会当日の監事口頭報告の報告者を互選し、その報告内容を審議する
③ 組合員（総代）からの質問に対する説明者を互選し、および説明内容について審議する
④ 翌期の監査方針・監査計画・重点監査項目・監査業務の分担・監査実施日程・監査費用の予算等の原案を決定する

5　総(代)会当日の監査実務

(1) 総(代)会における監査実務

① 総(代)会の議事運営および決議方法の適法性を監査する
② 監事の口頭報告を行う
③ 監事に対する組合員（総代）からの質問に対して説明する

第4章　業務監査のどこにポイントを置くか

第1節　業務監査の基本的な考え方

第2節　理事会における意思決定の監査
　―理事が誤った意思決定をしないための監視

第3節　理事会における、代表理事などに対する監督状況の監査
　―理事会の監督責任の監視、代表理事などの報告責任の監視

第4節　内部統制システムの構築・運用状況の監査
　―生協のリスクを未然に防止するための予防監査

第5節　その他の業務監査
　―代表理事などの業務執行状況の監視・検証

第6節　理事に対する助言・勧告などの責務
　―生協の健全性確保のための監事の責務

第１節　業務監査の基本的な考え方

Q7　第１章で、業務監査とは、理事の業務執行における善管注意義務の履行状況を監査することであるとしていますが、具体的に何を監査するのですか。

(1) 生協のコーポレート・ガバナンス

次に示した<図表４−１>は、生協のコーポレート・ガバナンス（生協統治の仕組み）の概略図です。

<図表４−１>　生協のコーポレート・ガバナンス（生協統治の仕組み）

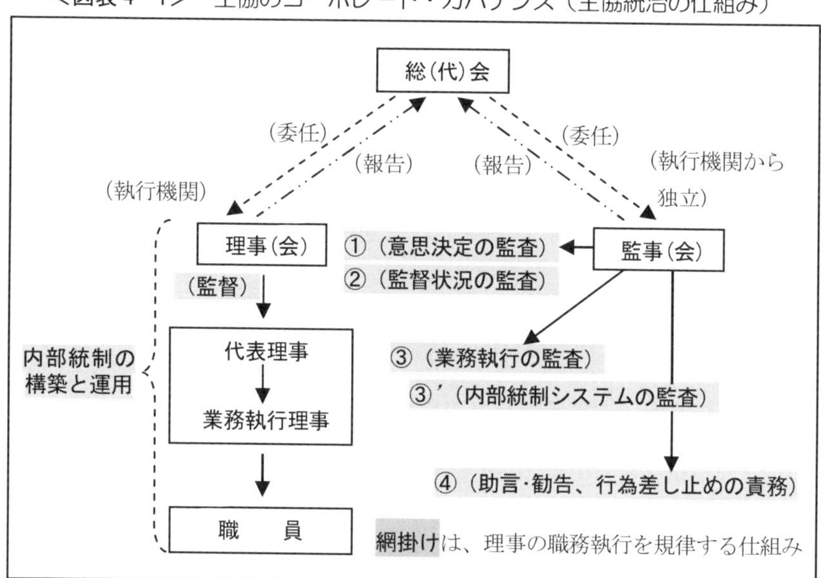

ここでいう「コーポレート・ガバナンス」とは、生協の本来の所有者である組合員が、生協の経営を委任した理事の職務の執行を適正に規律（コントロール）するための仕組み・体制をいいます。しかし、生協のコー

ポレート･ガバナンスは、組合員と生協の関係にとどまらず、生協を取り巻くさまざまな利害関係者（ステークホルダー）との関係も視野に入れて考える必要があります。

コーポレート･ガバナンスは、生協の健全で持続的な発展を確保するための経営全体の仕組みですが、＜図表 4－1＞を見ればわかるように、組合員が生協の経営を委任した理事に対する牽制システムであるともいえます。

(2) 理事の基本的な職務の内容

＜図表 4－1＞の左側を見てください。これは、理事が行う基本的な職務の流れです。

① 理事は、総(代)会で選出され、生協の経営を委任されますが、まず、全員で理事会を組織します（生協法 30 条の 4②）。

② 理事会は、業務の執行を決定します（生協法 30 条の 4③）。ただし、日常業務に関する事項の意思決定については、代表理事に委任することがあります。

③ 理事会は、業務を執行する代表理事・業務執行理事を選定し、それらの理事の職務の執行を監督します（生協法 30 条の 9①、模範定款例 29 条、30 条①、31 条②）。

④ 代表理事・業務執行理事は、生協の業務を統括もしくは分担して執行します（生協法 30 条の 9②）。

⑤ 理事会、代表理事等は、内部統制システムの構築・運用を行います。

「内部統制システム」とは、コーポレート･ガバナンスの仕組みの中で、代表理事が、自分に委ねられた生協の発展を阻害するような不測の事態が起きないように、経営をコントロールするためのリスク管理の手段です（詳しくは、第４節で説明します）。

(3) 監事の基本的な業務監査の内容

次に、<図表 4－1>の右側を見てください。監事が行う監査の内容が①～④まで列記されています。これが、下の<図表 4－2>に示した監事の基本的な業務監査の内容です。

<図表 4－2>　監事の基本的な業務監査の内容

①　理事会や重要な会議では、善管注意義務を尽くして業務の意思決定をしているか。（生協法 30 条の 4③、29 条の 2、民法 644 条）
②　理事会は、代表理事等の業務執行を適切に監督しているか。（生協法 30 条の 9①②、模範定款例 31 条②）
③　代表理事等の業務執行は、善管注意義務・忠実義務を尽くして行われているか。（生協法 29 条の 2、30 条の 3①、民法 644 条）
④　理事は、「内部統制システムの構築と運用」に善管注意義務を尽くしているか。（生協法 29 条の 2、民法 644 条）
⑤　上記の監査によって、理事の行為が、組合の健全性や持続的な発展を阻害するおそれがあると判断したときは、監事は、理事に対して助言・勧告、行為の差止請求などの、必要な措置を適時に講じる責務がある。（生協法 30 条の 3③→会社法 385 条）

なお、p. 44の<図表4－1>を見て気づいていただきたいことは、代表理事・業務執行理事の職務執行に対して、次の三つの牽制システムが働いていることです。

①　理事会が、代表理事等の職務の執行を「**監督**」する

②　監事が、理事の職務の執行を「**監査**」する

③　理事自身が、内部統制システムを整備して、業務の適正を

「**自ら確保**」する

この場合、理事会による「監督」とは、同じ組織の上位の者（理事会）が下位の者（代表理事等）を指図し取り締まることですが、監事による「監査」は、独立の立場にある第三者が、指示・命令権はありませんが、理事の職務執行の適正さを調査して判断することです。理事自らの「内部統制」と併せて、異なった三つの視点から理事の職務執行に対する牽制機能が働く仕組みになっています。

なお、この仕組みが効果的に機能しているか否かをチェックすることも、監事の重要な仕事です。

≪この節のポイント≫

＊監事の基本的な業務監査は、具体的には次のとおりです。

① 理事会は、善管注意義務を尽くして業務の意思決定をしているか

② 理事会は、代表理事等の業務執行を適切に監督しているか

③ 代表理事等の業務執行は、善管注意義務を尽くして行われているか

③' 代表理事等は、「内部統制システムの構築と運用」に善管注意義務を尽くしているか

＊上記の監査によって、理事行為が、組合の健全性や持続的な発展を阻害するおそれがあると判断したときは、監事は、理事に対して助言・勧告、行為の差止請求などの、必要な措置を講じる責務があります。これは監事のもっとも重要な役割です。

第２節　理事会における意思決定の監査

—理事が誤った意思決定をしないための監視

Q８　監事は理事会に出席して、何を監査し、どのような発言をすればよいのですか。

(1) 監事の理事会への出席義務と意見陳述義務

生協法では、監事は理事会に出席して、必要があると判断したときは意見を述べなければならないと規定しており、監事に対して理事会への出席義務と意見陳述義務を課しています（生協法30条の3③→会社法383条①）。

理事のもっとも重要な職務は、理事会の構成員として、生協の業務の執行に関する意思決定をすることです。したがって、監事は、その理事会に出席して、理事が意思決定に際して善管注意義務・忠実義務を尽くしているか、誤った意思決定をしないかを監視し、必要があるときはその席上で意見を述べなければなりません。

必要があるにもかかわらず、監事が意見を述べないときは、監事の任務懈怠となります。

(2) 監事の意見陳述義務の内容

しかし、監事はどんな場合でも意見を述べてよいということではありません。

組合員から業務の執行を委任されているのは理事です。監事には議案についての議決権がありませんし、決議の結果に責任を負うのはその決議に賛成した理事ですので、監事は審議内容の賛否に口を挟む権限はありません。

また、自分の好き嫌いや、個人的な信条・思想に偏った発言は慎まなければなりません。すべての組合員から委任されていることを常に念頭に置いて、発言しなければなりません。

したがって、監事が述べる意見の内容は、議案に賛成か反対か、審議している内容がよいか悪いかではなく、理事が決議や審議に際して、善管注意義務・忠実義務の履行に問題がないかという視点から判断し、もし善管注意義務・忠実義務に反するような意思決定、業務執行を行うときは、監事として意見を述べ、助言・勧告をしなければなりません。

(3) 監事が監査すべき視点

監事が、理事会などの重要会議において、理事の善管注意義務・忠実義務の履行状況について意見を述べる際の視点とされているのが、＜図表４−３＞「生協監事監査基準モデル」に掲げられている、いわゆる「経営判断の原則」(注) といわれているものです。

(注)「経営判断の原則」というのは、そのような定まった原則があるわけではなく、米国や日本の裁判で取締役の法的責任を追及するときに、取締役の経営判断の結果、会社が損害を被ったとしても、合理的かつ誠実に行った判断であれば、取締役の善管注意義務違反は問わないという法理です。「経営判断の原則」は、その際の取締役の善管注意義務の不履行つまり任務懈怠の有無を判断する際の指標として考えられているものです。

したがって、「経営判断の原則」は、第一義的には、取締役が善管注意義務を履行するための原則であるといえますが、取締役の善管注意義務の履行状況を監視する責務を負っている監査役にとっては、取締役がどのような経営判断をすれば善管注意義務を果たしたことになるのかを判断するための重要な指標と考えられています。

<図表 4−3>　生協監事監査基準モデル（第 5 章　業務監査　第 20 条）

（理事会等の意思決定の監査）

第 20 条

1　監事は、理事会決議その他において行なわれる理事の意思決定に関して、善管注意義務、忠実義務等の法的義務の履行状況を、以下の観点から監視し検証しなければならない。

① 事実認識に重要かつ不注意な誤りがないこと

② 意思決定過程が合理的であること

③ 意思決定内容が法令又は定款に違反していないこと

④ 意思決定内容が通常の組合経営者として明らかに不合理ではないこと

⑤ 意思決定が理事の利益又は第三者の利益でなく組合の利益を第一に考えてなされていること

2　前項に関して必要があると認めたときは、監事は、理事に対し助言もしくは勧告をし、又は差止請求を行わなければならない。

<図表 4−4>に、上記の項目を具体的に例示した「理事会等における理事の意思決定の監査の視点」を掲げておきましたので、理事会だけでなく重要な会議への出席や、会議の事前資料のチェック、稟議書等の重要書類の調査などの業務監査に際しても、監視・検証の視点として使ってください。

<図表4−4>　理事会等における理事の意思決定の監査の視点

監事は、理事が理事会等で意思決定をする際に、理事の善管注意義務等の法的義務の履行状況を、下記の視点（いわゆる「**経営判断の原則**」）から監視・検証する。

（1）事実認識に、重要かつ不注意な誤りがないか（相当性）

- □　意思決定のために必要な情報を十分に得ていると思えるか。
- □　情報（事実、計数、予測）は正確か、客観的・中立的といえるか。
- □　経営判断の基礎となる事実認識に、理事として不注意な過誤がないか。

（2）意思決定過程が、合理的であるといえるか（プロセスの合理性）

- □　法令・定款、決裁権限規程等に準拠した意思決定か。
（理事会、常任理事会等の付議基準、招集手続き、議事運営等を含む）
- □　代替案や想定しうる利益・不利益などの必要事項の検討・審議が行われているか。
- □　必要な場合、該当案件についての専門家の第三者的見解を聞いているか。
- □　合理的な意思決定を行ったことを証明する資料が作成され保管されているか。

（3）意思決定内容が、法令または定款に違反していないか（適法性）

- □　生協法や定款で認められている範囲内か、総(代)会の決定に反していないか。
- □　生協法、その他の経済関連法、労働法、刑法等の個別的な法令に違反していないか。

□　必要な場合、弁護士等の専門家の見解を聞いているか。

（4）意思決定内容が、通常の生協理事として明らかに不合理でないか（内容の合理性）

□　集めた情報および適正な検討・審議に基づく合理的な結論となっているか。

□　想定しうるリスクが、生協の経営にとって致命的なレベルでないか。

□　例えば、事業高・剰余等に対して、投資等がバランスを大幅に失していないか。

（5）意思決定が、理事や第三者の利益でなく生協の利益を第一になされているか（忠実性）

□　理事個人の保身や名誉心あるいは利得を目的としていないか。

□　理事の親族・友人等、生協以外の特定の第三者の利益を図るためではないか。

①　監事は、理事会の議案などの事前資料も、上記の視点からチェックして会議に臨む。

②　業務監査、特に稟議書・契約書等の重要書類の調査に際しても、上記の視点から監視・検証する。

③　監事は、上記の視点から監査して、必要があると認めたときは、意見を述べ、助言・勧告、行為の差し止めをしなければならない（生協法 30 条の 3→会社法 383 条、385 条）。

④　上記の事項は、監事の判断の尺度であるが、監事が意見を述べる限界ともいえる。

≪この節のポイント≫

＊監事のもっとも重要な仕事は、理事会に出席して、理事が善管注意義務を尽くして意思決定をしているか、誤った意思決定をしないかを監視することです。そして、必要があるときは、その席上で意見を述べなければなりません。

＊必要があるにもかかわらず、監事が意見を述べないときは、監事の任務懈怠となります。

＊ただし、監事が意見を述べるときは、審議の内容に賛成か反対かということではなく、理事が「経営判断の原則」などに基づいて、善管注意義務・忠実義務を尽くして審議しているかという視点からの意見であることが必要です。

第３節　理事会における、代表理事などに対する監督状況の監査

—理事会の監督責任の監視、代表理事などの報告責任の監視

> Q９　＜図表４−１＞には、監事は理事会に出席して、
> ①　意思決定の監査
> ②　監督状況の監査
> をするとしていますが、どのような監査をするのですか。

(1) 代表理事などの業務執行に対する、理事会の監督責任履行の監査

理事会は代表理事・業務執行理事に生協の業務執行を委任していますので、理事会には、代表理事等が常に善管注意義務を尽くして業務を執行しているかどうかを、監視して監督する責任があります（模範定款例31条②→会社法362条②二）。

そのため、監事は、理事会に出席して、理事会が代表理事や業務執行理事の業務執行を監督している状況を、質疑応答を含めて監査する必要があります。

特に留意すべきことは、代表理事の独断的な、あるいは不透明な意思決定が行われることを監視することです。

(2) 理事会に対する、代表理事などの報告義務履行の監査

模範定款例には、「理事は、３月に１回以上業務の執行の状況を理事会に報告しなければならない」（模範定款例31条⑥→会社法363条②）と規定

しています。つまり、代表理事・業務執行理事は、３カ月に１回以上理事会に対して自らの業務執行状況を報告する義務を負っています。

そのため、監事は、代表理事などの報告が理事会で適時にかつ適切に行われているかどうかを監視する必要があります。

上記の (1) と (2) は、セットにして監査すべき対象です。

≪この節のポイント≫

＊理事会は、業務執行を委任した代表理事などの業務執行を監督する必要があります。

＊代表理事などは、委任を受けた業務執行の状況を、定期的に理事会に報告する義務を負っています。

＊監事は、理事会に出席して、上記の理事会の監督状況と代表理事などの報告義務の履行状況を監視しなければなりません。

第４節　内部統制システムの構築・運用状況の監査

―生協のリスクを未然に防止するための予防監査

Ｑ１０　内部統制システムとは何ですか。
なぜ、生協に内部統制システムが必要なのですか。
内部統制について、どんな監査をすればいいのですか。

(1) 生協の内部統制システムと理事の善管注意義務

組合員の第一の願いは、生協が健全で持続的に発展することです。そのためには、健全で持続的な発展を阻害するおそれのある事故や不祥事などの不測の事態を防ぐことが必要です。特に、社会的な信頼を失わないことは、生協が生きていくためには不可欠の要素です。

したがって、生協の健全な経営を委任されている理事にとっては、生協の持続的な発展を阻害するおそれのあるリスクを未然に防ぐ措置を講じることは、もっとも重要な善管注意義務です。

そのために、理事が、生協の中に、リスクをコントロールするための仕組みを構築して運用することは、生協の規模の大小を問わず、経営を任されている理事にとっては当然の責務であるといえます。その仕組みが「内部統制システム」です。

＜図表４−５＞「内部統制」とは

「内部統制」とは、生協の健全で持続的な発展を阻害するような「リスク」が現実化しないように、業務の適正を確保することによって、そのような「リスク」を事前にコントロールするために、生協の内部に構築し運用する仕組み・体制をいいます。

生協法には、会社法のように内部統制に関する明文規定はありませんが、上記のように、生協の中に内部統制システムを構築し運用することは理事の重要な善管注意義務として位置づけられます。

そのため、日本生協連の『生協における内部統制研究会報告書（2008年12月）』では、会員組合に対して会社法の規定を参考に、次に示す「内部統制システム」の導入を提起しました。

(2) 生協の内部統制システムの内容

生協の内部統制システムの内容については、＜図表4−6＞に示すように、会社法で規定している内部統制の基本的内容（会社法362条④六、会社法施行規則100条①③）に沿って、まず「生協の業務全般の適正性を確保すること」を提唱しています。さらに、一定規模以上の生協では、次の段階として「決算報告の適正性の確保の体制」も必要になります。

＜図表4−6＞「生協の業務全般の適正性を確保するための内部統制システム」

①	コンプライアンス体制	（理事・職員の職務執行が法令・定款に適合することを確保する体制）
②	情報管理体制	（理事の職務執行情報の保存・管理に関する体制）
③	リスク管理体制	（損失の危険の管理に関する規程その他の体制）
④	職務の効率性確保体制	（理事の職務執行の効率的な実施を確保する体制）
⑤	グループ管理体制	（組合グループ内における業務の適正性を確保する体制）
⑥	監査環境の整備	（監事監査の実効性を確保するための体制）

i）監事スタッフに関する事項
ii）監事スタッフの理事からの独立性に関する事項
iii）理事・職員その他から監事に報告をする体制
iv）その他監事の監査が実効的に行われることを確保する体制

(3) 内部統制システムに関する理事会・代表理事などの役割

<図表4－6>に掲げた内部統制システムを機能させるために、理事会および代表理事などは次のような役割を担います。

1) 理事会の役割

① 内部統制システムの整備に関する基本方針等を決議する（見直し決議を含む)。
② 内部統制システムに関する代表理事などの職務執行を監督する。

2) 代表理事などの役割

① 理事会の決議に基づいて、生協の中に内部統制を構築する。
② 構築した内部統制システムを有効に運用する。
③ 内部統制システムに関する職務の執行状況を理事会に報告する。
④ 内部統制システムの理事会決議内容を事業報告書に記載して、組合員に報告する。
⑤ 監事監査の環境整備に留意する(監事が監査しやすい体制を築く)。

(4) 内部統制システムの監査の概要

監事は、前記（3）の理事会・代表理事などの役割に対して、次のような監査を行います。

1）内部統制システムに係る理事会決議の監査

①　理事会で決議した「内部統制システムの各体制整備の内容」の相当性を判断する。

運用後に、基本方針等の見直し決議を行った場合も、その相当性を判断する。

②　代表理事などが事業報告書に記載した理事会決議の内容の相当性を判断する。

③　内部統制システムに係る理事会決議の内容が善管注意義務に照らして相当でないと認めたとき、内部統制システムに関する事業報告書の記載内容が著しく不適切と認めたときは、その旨を監査報告に記載して組合員に報告する。

2）内部統制システムの構築・運用状況の監査

①　代表理事などが行う内部統制システムの構築・運用が、組合の規模・事業内容などに応じて適切に実施されているか否かを監視・検証する。

②　内部統制システムの構築・運用の状況において理事の善管注意義務に違反する重大な事実があると認めたときは、その旨を監査報告に記載して組合員に報告する。

3）内部統制システムに関する助言・勧告

①　監事は、監査によって内部統制システムの不備を発見したときは、必要に応じて、代表理事などまたは理事会に「内部統制システムの構築・運用の改善を行うこと」、「その見直しの決議を行うこと」などに関して助言・勧告・要請を行う。

②　監事が、上記の助言・勧告を行ったにもかかわらず、理事会が正当な理由なく決議内容を是正せず、または決議をしてもその内容が相当でないと認められるときは、その旨を理事会に対し指摘すると

ともに、監査報告に記載することも検討する。

4）監査報告に「理事会決議の内容が相当である」と記載する場合

内部統制システムに関する理事会決議を行った組合で、監査報告に監査結果を記載する場合には、次に示す事項のすべてを満たしていれば、「理事会決議の内容が相当である」と記載してもよい。

①　当該理事会決議の内容が、会社法362条4項6号ならびに同施行規則100条1項および3項に定める事項を網羅していること。

②　当該理事会決議の内容が、内部統制システムの整備のための規程類、組織体制、実行計画、監視活動等に関する基本方針を含んでいること。含んでいない場合にはその正当な理由があること。

③　当該理事会決議の内容について、必要な見直しが適宜・適切に行われていること。

④　監事が助言又は勧告した内部統制システムの不備に関する指摘の内容が、理事会決議において反映されていること。反映されていない場合には正当な理由があること。

(5) 内部統制システムの「監査の着眼点」

監事が、内部統制システムを監査するときに、どこに目をつけて監査をすればよいか、そのポイントを＜図表4－7＞に示します。要は、細かいことに気をとられて、“木を見て森を見ない”監査にならないように心がけることです。

＜図表4－7＞　内部統制システム監査の着眼点

①　内部統制システムの重要性に対する代表理事などの認識度合や整備への取り組み状況、あるいは理事会の関心・監督状況、職員の取り組み態度など、「生協内部の統制環境」（やる気があるのか）を監査上の重要な着眼点

として、監査を行う。

② 内部統制システムが、生協グループ内に想定される各種のリスクのうち、著しい損害を及ぼすおそれのある重大なリスクに対応しているか。

③ 内部統制の規程類、組織体制、情報の把握・伝達体制、モニタリング体制など内部統制システムの構成要素が、上記②の重大なリスクに対応する手段として有効に機能しているか。

④ 理事会・代表理事などが、適切な手続きを経て、適時に各体制の整備・見直しを行っているか（PDCA（注）が機能しているか）。

（注）「PDCA」とは、業務の中で改良・改善を必要とする部分を特定して、変更できるようにするために提唱された改善プロセスのことをいいます。具体的には、業務の執行に際して Plan（計画）→Do（実行）→Check（測定・評価）→Act（対策・改善）のプロセスを循環させながら、連続的にマネジメントの品質を高めようという改善の手法です。

(6) 内部統制システムの「理事会決議」に関する監査のポイント

まず、内部統制システムの「理事会決議」を監査する際に、監事はどこに目をつけたらよいかを例示します。

<図表４−８>　「理事会決議」に関する監査のチェックポイント

□ 理事会決議の内容が、以下のすべての事項を含んでいるか。

① 理事および職員等の職務の執行が法令および定款に適合することを確保するための体制

② 理事の職務の執行に係る情報の保存および管理に関する体制

③ 損失の危険の管理に関する規程その他の体制

④ 理事の職務の執行が効率的に行われることを確保するための体制

⑤ 組合ならびに子会社等から成る組合集団（以下、「組合集団」という。）における業務の適正を確保するための体制

⑥ 「生協監事監査基準モデル」第15条第２項に定める監事監査の実効

性を確保するための体制

☐　組合に著しい損害を及ぼすおそれのあるリスクは何か、また、それに対応した内部統制システムのあり方は何かについて、理事会で適切に議論されたうえで、決議がなされているか。

☐　組合決議の内容には、内部統制システム整備のための規程類、組織体制、実行計画、監視活動などに関する基本方針を含んでいるか。

☐　決議内容について、その後も必要な見直しが適時・適切に行われているか。

☐　監事の助言、勧告した指摘の内容が、理事会決議で適切に反映されているか。

☐　年度末時点における決議内容の概要が、事業報告書に正確・適切に記載されているか。

☐　監事は、決議内容に不備があると認めたときは、理事会に助言・勧告など適切な措置を講じたか。

(7) 内部統制システムの「構築・運用状況」に関する監査のポイント

次に、内部統制システムの「構築・運用状況」を監査する際に、監事はどこに目をつけたらよいかを例示します。

＜図表４−９＞　「構築・運用状況」に関する監査のチェックポイント

☐　各事業年度の監査開始時点における理事会決議の内容とその構築・運用状況を把握して、内部統制システムの監査計画を策定したか。

☐　内部統制システムの各体制の構築・運用状況が、重大なリスクに対応しているか。

☐　内部統制に係る代表理事等の職務執行について、理事会による有効な監督が行われているか。

☐　理事会等の関連会議、代表理事等との定期的会合などを通じて、各体制の構築・運用状況と理事の認識度を把握し、必要に応じて代表理事等に報告を求めているか。

☐　内部監査部門、内部統制部門から定期的、適時・適切な報告を求め、連係を密にしているか。

☐　内部監査部門等のモニタリングを踏まえて、代表理事等が必要な改善を施しているか。

☐　公認会計士等から、内部統制システムの整備状況に関する意見を求めているか。

☐　監事会は、監査によって発見した不備、助言・勧告を要すると判断した事項について、代表理事等または理事会に伝えているか。

☐　監事の助言・勧告の内容に適切な対処がなされず、その結果、各体制に重大な欠陥がある場合は、監査報告で指摘することを検討しているか。

(8) 有効な内部統制システムを作るためのポイント

これから内部統制のシステム作りを始めようとしている生協や、すでにシステムを構築・運用しているがどうもうまくいっていないと悩んでいる生協のために、有効なシステム作りのポイントを＜図表 4－10＞に提示します。

監事は、この６項目を念頭に置いて、助言・提言をしてください。

＜図表 4－10＞　有効な内部統制システムを作るためのポイント

①　まず、トップがその気になることが不可欠

・それなくして、内部統制システムを生協全体に浸透させることはできない。

→監事は、そこに着目した監査意見を述べ、助言することが必要である。

②　生協の「身の丈」に合わせて、着実に取り組む

・各生協の現状と特性を考慮に入れて、自分の身の丈に合わせる。

・優先順位をつけて、着実に進む。

・手を広げ過ぎない。

③　役職員の共通の認識作りが不可欠

・トップがリーダーシップを発揮して、現場を主体的に参画させていく。

・内部統制システムのメリットを生協全体で確認する。

・役員・幹部向けの研修が重要である。職員の学習会・報告会も。

④　既存のマネジメントシステムの仕組みの有効利用と統合

・現在のマネジメントを生協全体の視点で見直し、レベルアップを図る。

・ISOなどのマネジメントシステムは、テーマ別に構成されており、対象範囲も限定されているので、そのシステムを内部統制システムに取り込んで、効率的に実施していく。

⑤　形だけの内部統制では、絵に描いた餅であり、役に立たない

・生きた内部統制システムを作るには、内部監査によるモニタリング機能を強くして、PDCAを有効に機能させなければならない。

→そのためには、内部監査部門と連係した監事の意見・助言・勧告が必須である。

⑥　監事は、「木を見て森を見ない」監査をしてはいけない

・内部統制システムは、生協の健全な発展を阻害する「リスク」を回避するために整備されたものだから、

→監事は、各体制がリスクの回避に有効であるかを監査のポイントにしなければならない。

→個別の内容、細かい管理技法に目を向け過ぎると、枝葉にとらわれて、内部統制という大きな森の全体像が見えなくなる。

≪この節のポイント≫

＊「内部統制」とは、生協の健全で持続的な発展を阻害するような不測の事態が起こらないように、生協内の業務の適正を確保することによって、リスクを事前にコントロールするための仕組み・体制をいいます。

＊生協内に、内部統制システムを構築し運用することは、健全な経営を委任された理事の重要な責務です。そのため、

① 理事会は、内部統制システムの基本方針を決議し、理事による内部統制システムの構築・運用状況を監督します。

② 代表理事などは、理事会決議に基づいて内部統制システムを構築・運用し、理事会・組合員に報告します。

＊監事の役割は、理事会決議および構築・運用の状況を監視し検証して、必要な場合は、助言・勧告を行うことです。

＊内部統制についての監査の重要な着眼点は、

① 代表理事以下生協全体に、本当に“やる気があるのか”。

② 構築した内部統制のそれぞれが、想定される重大なリスクに対応しているといえるか。

③ それぞれの内部統制の構成要素が、②の重大なリスクに対応する手段として有効に運用されているか。

第５節　その他の業務監査

―代表理事などの業務執行状況の監視・検証

Ｑ１１　業務監査をするためには、事前にどんな準備が必要ですか。
業務監査には、理事会の監査や内部統制システムの監査のほかに、どんな監査がありますか。そのポイントを示してください。

(1)　１年間の監査方針・監査計画を立て、業務の分担を決める

監事監査のスタートは、毎事業年度の監査を実効的に行うために、1年間の監査方針と監査計画を立てることと、監事の仕事の分担を決めることから始まります。これは、大事な仕事です。

監査計画等の対象期間は、生協の事業年度に合わせている生協もありますが､新しい監事が就任する｢通常総(代)会終結の時から翌年度の通常総(代)会終結の時まで｣とする例が多いようです。その場合、一般的に、前任監事会があらかじめ監査計画などの原案を作成しておいて、総(代)会終了後の監事会で、新しい監事メンバーが決定します。

1)　監査方針を策定する

監事は、まず、本年度の生協の経営方針・経営計画や内部統制システムの整備状況などを勘案したうえで、重要性、適時性を考慮して、生協の健全な運営と社会的信頼に応えるガバナンス体制の確立に向けた監査活動の基本となる今年の「監査方針」を策定します。

2）監査計画を作成する

次に、新しい監査方針に基づいて、監査対象、監査方法、実施時期を適切に選定して、本年度の「監査計画」を作成します。

監査上の重要課題については、経常的な監査項目のほかに、特に「重点監査項目」として設定することが有効です。今年の監査の目玉を決めるのです。

また、監査対象や実施時期などについては、公認会計士等の監査計画・内部監査部門の監査計画との関係を考慮するとともに、主要な監査対象は毎年監査し、その他の監査対象も数年内に一巡して、監査の空白が生じないように気を配ります。

なお、監査方針・監査計画は、期中であっても状況に応じて適宜修正することも必要です。

3）監査業務の分担を決める

監事は、おのおのが理事の職務執行を監査することを職責とし、各監事の権限が妨げられない独任制です。しかし、限られた人数で実効性のある成果をあげるためには、組織的・効率的な監査を実施する必要があります。

そのため、各監事の特性を考慮したうえ、監査業務の分担を定めて、監査を実施することが有効です。

職務を分担した場合は、各監事の監査の実施情報について、監査調書（次ページ参照）の作成や監事会・監事連絡会などを活用して、相互に報告し合い、情報の共有化を図ることが重要です。

4）内部監査部門と連係を図る

内部監査部門は、代表理事の指揮命令のもとで、生協内の各部門で定められた業務標準どおりに仕事が遂行されているか、内部統制システムの運用状況はどうかをチェックすることが本務です。

内部監査部門は監事とは立場や監査目的は違いますが、監査対象は同一であることが多いので、緊密な情報交換を行い、相互に監査効率を上げる必要があります。そのため、両者の監査計画策定に際しても連係をとることが望ましいと考えます。

5）監査方針・監査計画の説明をする

監事は、理事および職員の協力を得るため、監査方針・監査計画を策定したら、その内容を代表理事および理事会などに説明する必要があります。

(2) 監査調書を作成する

1）監査調書作成の必要性

監事は、監査活動および監査結果に対する透明性と信頼性を確保するために、自らの監査の状況や監査の内容を記録した「監査調書」を作成しておく必要があります。

監査調書を作成する目的は、次の三つが挙げられます。

①　監事会で情報を共有する手段とする

　監事は、監査意見を形成するにあたっては、自分の分担外の監査事項に関する情報も必要とするので、監事会などで監査調書をもとに相互に報告し合い、情報の共有化を図る必要があります。

　特に、常勤監事からの監査調書は、非常勤監事にとっては最重要の監査資料です。

②　監査報告書作成の拠りどころとする

　監事は、各自の監査報告書を作成するに際しては、心象にとらわれることなく、監査調書を基にして、個人としての意見形成の過程をしっかり確認し、それを踏まえて監査報告書を作成しなければなりません。

③　監事の善管注意義務履行の証跡とする

監事は、自分が善管注意義務を尽くして監査職務を履行していたことの証跡として、監査調書を残しておくことも必要です。

2）監査調書の内容

監査調書は、原則的には監事としての私的なメモであり、監事会以外の外部の目に触れるものではありません。しかし、「1）監査調書作成の必要性」をご覧になればわかるように、監事会に報告する文書でもあり、各監事が必要に応じて参照する共有の記録となりますので、内容的には、十分に吟味して作る必要があります。

なお、監査調書の内容のうち、必要事項を理事または被監査部門への報告・助言・勧告などに使用することがありますが、その場合は、被監査部門の立場や、記載事実の正否を被監査部門などに確認する配慮が必要です。

＜図表４−11＞「監査調書」の記載事項の例

＜調書 No.　作成年月日、作成監事＞

①　監査実施年月日

②　監査対象先、対応者

③　監査担当者

④　実施した監査方法（会議出席・報告聴取・資料閲覧・立ち会い、視察など）

⑤　監査結果・指摘事項・所見など

⑥　監査意見の形成に至った過程・理由など

⑦　その他の補足説明

（『生協監事監査実施要領』第８章第１節参照）

(3) 重要書類の内容を閲覧する

監事は、重要会議の議事録、主要な稟議書・契約書、経営計画書、予算・決算関係書類、月次業務報告関係書類、内部監査報告書、その他業務執行に関する重要な書類を閲覧し、必要があるときは、理事・職員に説明を求め、または監事としての意見を述べなければなりません。

稟議書や契約書などの重要書類については、記載の不備だけにとらわれるのではなく、その内容の適法性・妥当性について検証することが必要です。

重要書類の閲覧は、重要会議などへの出席と同様に、理事の職務執行の監査には不可欠ですので、監事が閲覧する書類は自動的に回付されるよう、その書類の取り扱い部門に要請し、回付の仕組みを決めておくことも心がけるべきです。

(4) 文書・情報の管理状況を監査する

監事は、所定の文書・規程類、重要な記録・情報が適切に整備され、かつ、保存・管理されているかを調査し、必要があるときは理事・職員に説明を求め、または監事としての意見を述べなければなりません。

理事の職務執行に係る情報の保存・管理体制の整備は、内部統制システムの重要な要素でもあります。

(5) 理事などから事業の報告を求め、組合の財産状況を調査する

監事は、理事の職務執行を監査するために、いつでも、理事・職員から事業の報告を求め、主要な部門の業務の状況をヒアリングし、往査・実査・立ち会いなどを行い、重要な財産の取得・保有・処分の状況につ

いても調査することができます（生協法30条の3③→会社法381条②）。

この場合の「調査」とは、重箱の隅をつついたり、現場のあら捜しをすることではなく、理事の業務執行についての監事の監査意見を形成するために、合理的な根拠を求める手段として行うものであることを、よく自覚しなければなりません。

そのため、事前に、調査の目的・意義・内容を、相手方に十分理解してもらうとともに、なるべく監査を受けるための準備の時間をとらせないような配慮も忘れないでください。内部監査部門や公認会計士の監査との重複監査になることを避ける工夫も必要です。

本部を含む事業所の調査を行う前には、『生協監事監査実施要領』第8章第5節（実地調査）を読んで参考にしてください。

(6) 子会社における、理事の職務執行状況を監査する

子会社を有する生協の監事は、子会社管理を担当している理事の職務執行状況を監査するために必要があるときは、子会社から事業の報告を求め、業務・財産を調査しなければなりません（生協法30条の3③→会社法381条③）。

ここで、留意しなければならないことは、子会社といえども独立した法人であり、子会社の監査をするのは子会社の監査役の職務であることを念頭に置いて、子会社監査役と連係をとることが重要です。

親生協の監事は、担当理事が子会社の経営・管理に善管注意義務を尽くしているか否かを監査するために、子会社で調査をするのですから、自分の立場を自覚して、節度のある調査活動を心がけたいものです。

その場合、連結経営の視点に立って、内部統制システムが子会社でも適切に整備されているかということにも留意して監査しなければなりません。

子会社の調査をするときは、『生協監事監査実施要領』第8章第6節

（子会社等の調査）を参考にしてください。

(7) 重要な取引について、理事に義務違反がないか監査する

次に掲げた3項目は、生協法が理事の職務執行に関して特に規定している事項ですので、監事は、重要な監査項目として理事の義務違反がないかを監査する必要があります。もし理事の義務違反またはそのおそれがある場合には、監事は、監事会で協議のうえ、理事に対して、その行為をやめるよう勧告しなければなりません。

1）自己取引・利益相反取引に忠実義務違反がないか（生協法31条の2）

理事が自分のためまたは第三者（理事が代表権を持っている他の組合または会社など）のために、自生協と取引をしたり、理事が代表権を持っている子会社などの債務を生協が保証したりするときは、理事と生協の利害が相反しますので、 理事会の承認を受けなければなりません。 また、取引の結果を理事会に報告しなければなりません。

そのため、監事は、理事会においてそれらの承認・報告が適法に行われているか、取引の内容が事業報告書の附属明細書に適正に記載されているかについて、確認しなければなりません。

2）投機を目的とした取引を行っていないか

（生協法98条①、模範定款例74条）

生協の理事は、いかなる名義をもってするかを問わず、投機的運用および投機取引のために、生協の財産を処分することは禁じられています。

そのため、監事は、理事が生協の財産を利用して投機を目的とした取引を行っていないかについて調査しなければなりません。

3）関連当事者との一般的でない取引は適正に行われているか

（施行規則119条）

監事は、生協と関連当事者〔子法人等、関連法人等、連合会、会員、理事・監事とその近親者など（施行規則119条④）〕との取引に関して、一般的でない取引がチェックできる体制になっているか、取引の数量・価格・時期・方法などの異常な取引はないかについて調査するとともに、公認会計士等が、一般的でない取引について調査を行った場合は、その結果を聴取する必要があります。

また、決算関係書類の「関連当事者との取引に関する注記」に必要な事項が適法に記載されているかについても確認します。

（8）総(代)会前後の監査のポイント

1）総(代)会前の監査活動のポイント

総(代)会に関する監事の仕事は、まず、総(代)会関係日程を入手し、その内容が法令・定款・規程などに適合していることを確認することから始まります。

①　総(代)会招集の決定に関する理事会の決議は適正に行われているか。

②　総(代)会の招集通知、総(代)会に提出する議案・書類〔招集通知の添付書類、総(代)会への提供書類、議決権行使書面など〕は適法かつ適正か。

③　決算関係書類・事業報告書・それらの附属明細書ならびに監事の監査報告書（公認会計士等の会計監査報告書も）が、法定どおり事務所に備置されているか。

④　総(代)会における監事の報告および意見陳述、ならびに組合員からの質問に対する回答の内容について、あらかじめ監事会で協議しているか。

2) 総(代)会当日の監査活動のポイント

① 総(代)会当日は、監事会の協議に基づいて監査報告または意見陳述を行います。

② 組合員からの質問に対しては、総(代)会に提出した書類および附属明細書の記載事項の範囲内で説明します。

③ 総(代)会の議事運営および決議方法が法令・定款に適合していることを確認します。

3) 総(代)会終了後の監査活動のポイント

① 総(代)会の議事録の記載内容が適法かつ適正であることを確認します。

② 決議事項についての組合員への通知、剰余金の割り戻しの実施、商業登記、決算関係書類等の行政庁への提出など、総(代)会決議事項その他の実施状況を確認します。

③ 新しい総(代)会議事録のほか、定款・規約、組合員名簿、総(代)会議事録・理事会議事録、会計帳簿・資料、決算関係書類等の法定書類の備置が適正になされているか確認します。

≪この節のポイント≫

＊監査を始める前に、まず、１年間の監査方針と監査計画を立てることと、監査業務の分担を決めることが大切です。

＊監査調書は、監事相互の情報共有の手段です。自らの監査履行の証跡でもあります。

＊重要書類を閲覧する、文書・情報の管理状況を監査する、理事・職員から報告を求め、財産状況を調査する、子会社の調査をする、重要な取引について理事の義務違反を監査する、総(代)会前後の監査も重要です。業務監査の種は、尽きることがありません。

＊しかし、理事の職務執行を監査するためには、細部の枝葉にとらわれず、「理事の職務執行」という森全体の姿を見る目が必要です。

第６節　理事に対する助言・勧告などの責務
―生協の健全性確保のための監事の責務

Ｑ１２　業務監査をしていて、問題点を発見したときは、どのような措置を講じればよいのでしょうか。

ここまでは、監事の監査の内容について、大小取り混ぜて説明してきましたが、監事の仕事は、理事の職務の執行を監査して、その結果を監査報告書に記載することだけではありません。

監事のもっと重要な仕事は、理事の職務の執行を監査することによって、生協の健全で持続的な発展を可能とするために業務の適正性を確保することにあります。

そのために、監事は、監査の過程で、理事の行為が生協の健全性や持続的な発展を阻害するおそれがあると判断したときは、理事に対して報告・助言・勧告などの意見表明をしたり、場合によっては行為の差止請求をするなどの、必要な措置を適時に講じる必要があります。

例えば、次のような場合には、監事は、理事に対して助言または勧告を行うべきです。その際には、監事会などで十分に審議をすることが望ましいでしょう。

①　理事会などの重要会議の決定が、<図表４−４>で例示した「経営判断の原則」に反している場合

②　理事会などの重要会議が、民主的に運営されていない場合や重要な情報が正確に伝達されていない場合

③　業務運営が、著しく合理性を欠いている場合

④　生協の財産が損なわれているか、またはそのおそれがあるのに、効果的な対策が講じられていない場合

⑤　リスク管理が不徹底または不完全で、生協に著しい損害を与えるおそれがある場合

⑥　法令に違反する業務運営や社会通念上許されない行為のおそれがある場合

監事の責務は、理事の職務執行の内容を、後になってから監査報告書で組合員に報告するという「事後監査」にあるのではなく、問題があると考えたときは、適時に意見を述べ、リスクの現実化を未然に防ぐという「予防監査」にあります。

生協法では、事故を未然に防ぎ、リスクを最小限にとどめるために、次のような規定を設けています。監事は、この規定を重く受け止めて、生協の健全性の確保に努めなければなりません。

監事が与えられた権限や義務を、必要なときに行使しない場合は、善管注意義務不履行の任務懈怠と見なされることもあります。

ⅰ）監事から理事会への報告義務（生協法30条の3③→会社法382条）

「監事は、理事が不正行為をし、もしくは、そのおそれまたは法令・定款に違反する事実、著しく不当な事実があると認めるときは、遅滞なく理事会に報告しなければならない。」

ⅱ）監事による理事の行為差止め請求（生協法30条の3③→会社法385条）

「監事は、理事が組合の目的外の行為、その他法令・定款に違反する行為をし、またはそのおそれがある場合、それによって組合に著しい損害が生じるおそれがあるときは、その理事に対してその行為を止めるように請求することができる。」

ⅲ）理事から監事への報告義務（生協法30条の3③→会社法357条①）

「理事は、組合に著しい損害を及ぼす事実があることを発見したときは、直ちに、その事実を監事に報告しなければならない。」

≪この節のポイント≫

＊監事の責務は、理事の職務執行の内容を、後になってから監査報告書で組合員に報告するという「事後監査」にあるのではなく、問題があると考えたときには、適時に意見を述べ、リスクを未然に防ぐという「予防監査」にあります。

＊生協法では、事故を未然に防ぎ、リスクを最小限にとどめるために、監事に対して権限や義務を与えています。監事が与えられた権限や義務を、必要なときに行使しない場合は、善管注意義務違反と見なされることもあります。

第5章　会計監査にどう取り組むか

第1節　会計監査とは何か

Q13　なぜ、監事の会計監査が必要なのですか。

(1)「会計」は組合員に対する理事の報告義務である

組合員から生協の財産の管理と経営を委任された理事は、組合員をはじめとする利害関係者に対して、自分が受任した仕事の処理の経過と結果を報告し説明する義務（accountability）があります。その報告のために用いられるのが「会計」という方法です。

「会計」という言葉はaccountingの訳語ですが、これは「説明する・報告する」という意味の動詞accountから派生しています。counting（計算、勘定）ではありません。

つまり、「会計」は、財産の管理者である「理事」が財産の所有者である「組合員」に対して、自分が受託した責任の遂行を承認してもらうための報告書です。単なる収支計算書ではありません。

そのため、理事は、事業年度ごとに組合の状況および財産・損益の状況を組合員に報告するために、<図表5−1>の書類を作成して開示しなければなりません（生協法31条の9②）。

理事が、事業年度ごとに作成する報告書類は、<図表5−1>に示すように決算関係書類と事業報告書に分けられますが、貸借対照表は組合の

<図表5−1>　決算関係書類等（注）

1　決算関係書類とその附属明細書	1）貸借対照表 2）損益計算書 3）剰余金処分案 （または損失処理案）
2　事業報告書とその附属明細書	

財産の保全の状況（有り高）を示し、損益計算書は財産の運用の状況（増減の経過）を報告するために作成される書類です。事業報告書はそれ以外の組合の経営の状況を報告するために作成される書類です。

（注）法定の「決算関係書類等」は以下のとおりです（生協法31条の9②⑨）が、本章では⑤、⑥を除く①～④の報告書類を示す用語として便宜的に使用します。

① 決算関係書類
② 事業報告書
③ 決算関係書類の附属明細書
④ 事業報告書の附属明細書
⑤ （監事の）監査報告
⑥ 公認会計士等の会計監査報告（会計監査人組合の場合）

(2) 理事の報告には、監事の監査が不可欠である

しかし、<図表5−2>に示すように、これらの報告書類は、理事会の承認を得る前に、そして組合員に報告する前に、必ず、監事の監査を受けることが義務づけられています（生協法31条の9⑤）。

<図表5−2>　決算関係書類等に関する理事の義務

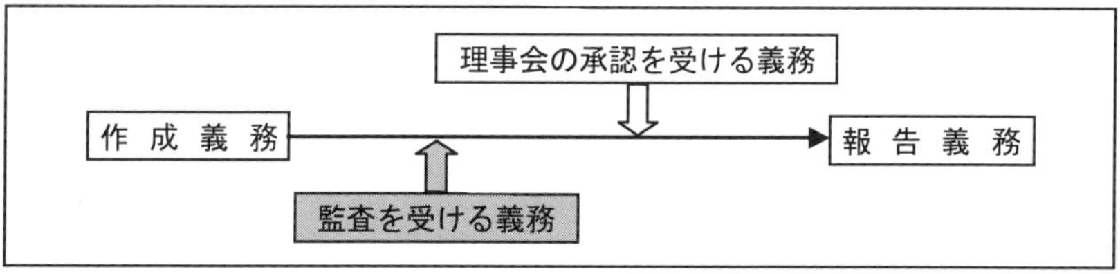

そのため、監事は、第4章で述べた業務監査によって、事業年度を通じて理事の職務執行を監視・検証してきた視点から、当事業年度の事業報告書および附属明細書に記載されている組合の状況が、適切であるか否かの監査意見をまとめて監査報告書を作成しなければなりません。

また、本章で述べるように、決算関係書類とその附属明細書が適法かつ適正に作成され、組合の財産・損益の状況を正確・明瞭に表示しているか否かを監査して、監査報告書を作成しなければなりません。

そして、理事は、監事が作成した監査報告書をこれらの報告書類に添付して、組合員および債権者に開示しなければなりません（生協法31条の9⑧⑨）。

(3) なぜ、監事の会計監査が必要なのか

なぜ、理事が決算関係書類等を報告するために、監事の「監査」が必要なのでしょうか。

決算関係書類等は、代表理事が、自分の行った業務執行の経過と結果を組合員に報告するために、自らの手で「作成」した書類です。自分でしたことを自分で書類を作って報告する、それだけでは、報告を受ける人、つまり組合員の信頼を得ることはできません。

理事から独立した立場にある監事の「監査」を受け、その報告内容の適正性・信頼性が担保されることによって、はじめて「報告」に値する信頼できる書類になるのです。これが生協法で規定している監事の会計監査です。

総(代)会の招集に際して、総代に送付する決算関係書類等に監事の監査報告書を必ず添付しなければならないのはそのためであり、「監査」は決算関係書類等を「報告（開示）」するための不可欠の要件です。監事の責任は誠に重大であるといえます。

≪この節のポイント≫

＊生協経営の委任を受けた理事は、事業年度ごとに、組合の状況および財産・損益の状況を組合員に報告するために、決算関係書類等を作成しなければなりません。

＊そして、報告する前に監事の監査を受けて、書類の適正性と信頼性を確保しなければなりません。

＊決算関係書類等の適正性を担保する監事の責任は、誠に重大であるといえます。

第２節　会計監査の基本

Ｑ１４　会計監査とは、会計の何を監査するのですか。監査の物差しは何ですか。
会計の初心者が監査するためには、どんな勉強から始めたらよいのですか。

(1) 決算関係書類は、何に準拠して作成されるのか

決算関係書類は、①生協法・同施行規則の規定に基づいて、かつ、②会計の慣行（会計の考え方、簿記の技法）に従って作成されます。その作成の基準となるものは、<図表５－３>のとおりです。

<図表５－３>　決算関係書類の作成基準

1）生協法の規定

生協法には、次のような生協会計の原則的なことが規定されています。

①　「組合の会計は、一般に公正妥当と認められる会計の慣行に従う」という組合の会計の原則（生協法51条の３）

②　「組合は、厚生労働省令（生協法施行規則）で定めるところにより、適時に、正確な会計帳簿を作成しなければならない」という会計帳簿等の作成の原則（生協法32条①）

③　「組合は、厚生労働省令で定めるところにより、決算関係書類及び事業報告書並びにこれらの附属明細書を作成しなければならない」という決算関係書類等の作成義務などの会計に関する原則的な事項（生協法31条の９）

具体的な会計処理については、「一般に公正妥当と認められる会計の慣行」と厚生労動省令に委ねています。

2) 生協法施行規則（厚生労働省令）

生協法施行規則には、決算関係書類の表示と手続き（施行規則66〜121条）および会計帳簿に記載する資産・負債の評価、純資産についての原則規定（同147〜153条）があります。

しかし、具体的な会計処理の方法や内容は規定されていません。

3) 一般に公正妥当と認められる会計の慣行（生協法51条の3）

このように、生協法および生協法施行規則には、組合の会計の基本的な事項しか規定せず、一般的な会計処理の基準、例えば、①税効果会計、②退職給付会計、③減損会計、④金融商品会計、その他の会計基準などの具体的な会計処理については、一般に公正妥当と認められる会計の慣行に従うこととしています。

「一般に公正妥当と認められる会計の慣行」とは、次のものをいいます。

企業会計審議会の「企業会計原則」、「会計基準」など

財務会計基準機構の企業会計基準委員会の「企業会計基準」など

日本公認会計士協会の「実務指針」など

「中小企業の会計に関する指針」もこれに含まれます。

なお、生協の会計では、“一般に公正妥当と認められる会計の慣行”は、大半は上記の企業会計の慣行が占めていますが、出資金の扱いや合併会計など、一部に協同組合独自の会計処理があります。

生協の決算関係書類等は、上記の三つの基準に従って作成しなければなりませんが、生協法に基づく会計の実務を解説した**『生協の会計実務の手引き』**（日本生協連会員支援本部編）が出版されていますので、主に地域購買生協の通常の会計処理、決算関係書類等の作成に際しては、この書物を参考にするとよいでしょう。

(2) 会計監査は、決算関係書類の何を監査するのか

監事の会計監査の目的は、決算関係書類の適正性・信頼性を確保することにありますが、そのために決算関係書類の何を監査するのでしょうか、その基本は次の二つに集約されます。

<図表５−４>　会計監査の基本

①　決算関係書類が、生協の財産・損益の状況を正しく表示しているか。 ②　決算関係書類が、上記の「決算関係書類の作成基準」に基づいて作成されているか。

しかし、この二つはいずれも、会計知識の少ない監事にとっては、とても頭の痛い問題です。

監事が、上記の①について監査するためには、業務監査を通して生協の実態を把握していることが不可欠ですが、生協の財産の状況を表示している「貸借対照表」や、損益の状況を表示している「損益計算書」を一応は理解できる程度の知識が必要です。そのためには、生協法や施行規則の会計規定だけでなく、会計の考え方や簿記の技法についても、監査に必要な最小限の知識を習得することが求められます。

また、②について監査するためには、作成基準についての基本的な知識を持つことが必要ですが、これも、監事にとっては、肩の荷の重い問題です。

(3) 生協法が期待している監事の会計監査

しかし、生協法は、監事が特別に会計の知識を持つことを要求してはいません。すべての生協の監事が会計の専門家であるという前提で、監事に決算関係書類の高度な監査を義務づけているのではありません。

そのため、生協法施行規則130条2項には、生協法における「監査」の意義を明らかにした次のような主旨の規定があります。

「決算関係書類や連結決算関係書類の監査には、公認会計士法2条1項に規定されている公認会計士や監査法人などの職業専門家による監査のほかに、〔決算関係書類等に表示された情報〕と〔決算関係書類等に表示すべき情報〕との合致の程度を確かめ、かつ、その結果を利害関係者に伝達するための手続を含むものとする。」

つまり、生協法における「監査」は、公認会計士や監査法人が行う厳格な監査のほかに、より広く、かつ質的にも専門家のような厳格さが要求されない程度の、監事の監査も含まれるとしています。

このような監査の場合は、決算関係書類に表示されている数字や情報と、帳簿や実態との合致の程度を確かめ、その結果を組合員に伝える手続きも含まれるということです。

本章の第4節、第6節に掲げた「会計監査のチェックリスト」は、このような視点から作成したものです。

いうまでもなく、生協法は、監事の会計監査の質が低いことを許容しているわけではなく、組合員が監事という職務に通常期待する程度の善管注意義務を尽くして会計監査の職務を遂行することを求めています。したがって、会計知識の少ない監事といえども、会計監査に際して必要とされる基本的な会計知識は習得しなければなりません。

公認会計士等（公認会計士または監査法人）の監査を受けている生協の監事であっても、監査のための会計知識の習得が必要なことはいうまでもありません。それは、監事が会計監査について善管注意義務を履行するための前提でもあります。

『生協監事監査基準モデル』には、監事の基本姿勢の一つとして、「監事は、監査を実施するために必要な知識および技術の習得に常に努めなければならない」と規定しています。<図表1−3>の（自己研鑽）をご覧ください。

(4) 会計知識の学習法の一つのヒント

では、監事には、どんな会計の知識が必要なのでしょう。

一般の会社の場合でも、経理経験のない新任監査役の中には、簿記の書物と格闘している方がいますが、監査役は、監事と同じように計算書類を監査することが職務であって、簿記の技法を用いて計算書類を作成するわけではありません。したがって、監事や監査役には「簿記」の細かい技法や知識は必要ありません。貸借対照表や損益計算書がどのようなプロセスで記録され作成されるのかという基本的な仕組みを理解して、簿記の技術によって処理された数値や計算書類の意味を読み取ることができれば十分です。

その手始めになる学習方法を、一つご紹介しましょう。

簿記や会計の入門書を読む前に、あなたの生協の最新の総(代)会に提出された「事業報告書とその附属明細書」「決算関係書類とその附属明細書」「剰余金処分案」「監査報告書」を、隅から隅まで何度も読んでください。わからない用語や内容が数多く出てくるはずです。次に、貸借対照表・損益計算書の各科目について、３期程度の推移表を作って増減を確認してください。そして、不明な個所や疑問点は、可能な限り、先任の監事や総務部門・経理部門の方に教えてもらってください。「説明を求める」のではなく「教えてもらう」姿勢が大切なのです。

この方法は、監事が会計知識を習得する最短コースであるだけでなく、これから迎える期末監査の最適の予習にもなります。

もう一つ、大切な教材があります。自分の生協の経理規程を精読して、実務がそれに準拠して実施されているかを確認することです。

もし一般の会計の入門書をお読みになるのなら、これらの副読本としてお使いになれば役に立つかもしれません。

そして、学習の目標は、自分の疑問点について経理部門の人に具体的な質問ができ、公認会計士とある程度の対話ができる程度の会計知識を身につけることです。

≪この節のポイント≫

＊決算関係書類は、①生協法、②生協法施行規則、③“一般に公正妥当と認められる会計の慣行”に準拠して作成されます。

＊監事の会計監査の目的は、決算関係書類の適正性・信頼性の確保にありますので、監事は、決算関係書類が、①生協の財産・損益の状況を正しく表示しているか、②「決算関係書類の作成基準」に基づいて作成されているか、を監査します。

＊生協法は、監事が特に会計の知識を持つことを要求していませんが、組合員が通常期待している程度の善管注意義務を尽くして、会計監査をしなければなりません。

＊そのためには、まず、前年度の「決算関係書類」と「事業報告書」などをじっくり読んで、勉強してください。

第３節　公認会計士等の監査を受けていない生協の会計監査

Ｑ１５　公認会計士等の監査を受けていない生協の監事は、どのような会計監査をすればよいのですか。

公認会計士等（公認会計士または監査法人）の監査を受けている生協と受けていない生協とでは、監事の会計監査のスタンスや監査の方法、監査報告書の内容が違ってきます。

この節では、公認会計士等の監査を受けていない生協の監事の会計監査について説明します。

(1) 監事の会計監査の範囲とポイント

公認会計士等の監査を受けていない生協の監事は、決算関係書類を監査して、「決算関係書類とその附属明細書が生協の財産・損益の状況を、すべての重要な点において適正に表示しているかどうかについての意見」（施行規則131条①二）を記載した監査報告書を作成しなければなりません。

そのためには、会計や監査の知識が少ない監事であっても、組合員が監事に通常期待している程度の善管注意義務を尽くして、自分の監査意見を表明できるだけの監査をしなければなりません。

1) 監事の会計監査の範囲

まず、監事の会計監査の範囲について考えてみます。理事の職務執行と監事の監査を対比した図を、＜図表５−５＞に示しました。

＜図表5−5＞　監事の会計監査と業務監査の関係

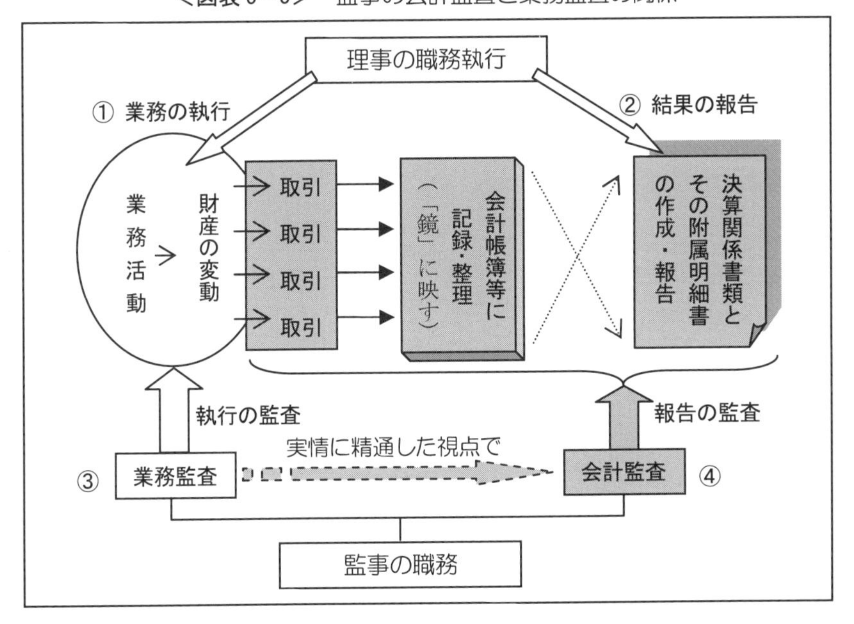

＜図表5−5＞の左端にある理事の①業務の執行によって、楕円の中で、さまざまな業務活動が展開されます。業務活動によって生協の財産が変動します。その財産の変動のすべてを、簿記の「取引」という方法でとらえて、業務活動を鏡に映すように仕訳伝票で記録します。その無数の会計記録を整理して、まとめ上げたものが右端②結果の報告の決算関係書類（貸借対照表や損益計算書など）とその附属明細書です。

図の網掛けで示したように、財産の変動を「取引」としてとらえることから、貸借対照表や損益計算書などの決算関係書類を作成するまでが監事の会計監査の対象範囲です。期末後に理事から受領した決算関係書類をチェックすることだけが会計監査ではありません。

決算関係書類は、生協の実態（財産・損益の状況）を鏡に映すように正確に報告するために作成されるものです。図の下段③に示したように、監事は、日常の業務監査によって生協の事業活動や内部の実態をよく知っていますので、その視点④から、決算関係書類が生協の財産・損益の状況を適正に表示しているか否かを総括的・重点的に監査しなければなりません。

2）監事の会計監査のポイント

公認会計士等の監査を受けていない生協の監事の会計監査のポイントは、＜図表５−４＞「会計監査の基本」でも述べたとおり＜図表５−６＞の２点です。

＜図表５−６＞　公認会計士等の監査を受けていない生協の監事の会計監査のポイント

①　日常の業務監査によって生協の実態に精通している監事の目から見て、決算関係書類が財産の変動を鏡に映すように正しく表示しているといえるか。
②　毎日の財産の変動を「取引」として記録することから、決算関係書類を作成するに至るまで、「決算関係書類の作成基準」に基づいて作成されているか。

上記の①は必須の監査手法ですが、②についても、業務監査の視点から入っていく方法をお勧めします。素人の目をおろそかにしてはいけません。

監事の具体的な会計監査の方法については、次節にチェックリストとして例示しました。

ご自分の実力に合わせて工夫しながら、あなたが会計監査をするときの参考にしてください。

≪この節のポイント≫

＊公認会計士等の監査を受けていない生協の監事の会計監査は、日常の業務監査によって生協の実態に精通している監事の目から見て、決算関係書類が財産の変動を鏡に映すように正しく表示しているといえるかをポイントにしてください。

第４節　公認会計士等の監査を受けていない生協の会計監査のチェックリスト

> Ｑ１６　私は、経理の経験がなく、会計の知識も少ないのですが、公認会計士等の監査を受けていない生協で、監事としてどんな会計監査をすればよいのでしょうか。

監事の会計監査は、公認会計士等（公認会計士または監査法人）の監査を受けているか否かにかかわらず、事業年度が終わって決算関係書類とその附属明細書を受領してから始まるのではありません。＜図表５−５＞で示したように、決算関係書類は事業活動の実態を投影したものですから、期初から期末まで、１年を通して会計監査をすることが必要です。期中の監査をしっかり実施しておけば、多忙な期末監査の時間も短縮できます。

そこで、公認会計士等の監査を受けていない生協の監事は、期初・期中・期末にどんな会計監査をしたらよいかを、チェックリストとして例示しました。

このチェックリストは、p. 87で述べた生協法施行規則130条２項の規定を念頭において、会計の知識が少なくても、日常の業務監査に精通している監事であれば、監査ができるという前提で作成しました。しかし、例示した事項だけ監査すればよいということではなく、また、これを全部チェックしなければならないということでもなく、監査方法の一例に過ぎません。経理部門の人に積極的に質問し、報告を求めてください。

それぞれの生協の監査環境と監事であるあなたの監査力（時間と能力）に合わせて、ここに掲げた例示を加除修正しながら自生協に適合した会計監査を行ってください。

<図表５−７>　公認会計士等の監査を受けていない生協の会計監査のチェックリスト

（０）事前の準備

□　生協法・施行規則の会計に関する条文（<図表５−３>を参照）などを理解しておく。

□　自生協の経理規程、決算手続きの概要（日程、作成書類など）を把握しておく。

（１）期初の会計監査の例示

□　当期の監査計画の中に、業務監査と並行して期を通した会計監査の日程を組み込む。

□　当期に、重要な会計方針（会計処理の原則・手続き、表示方法）の変更がないか。
変更の理由、変更による影響額はどうか。それは、生協の実態から見て相当といえるか。

（２）期中の会計監査の例示

□　月次貸借対照表・損益計算書、月次予算実績分析、部門別分析などに基づいて、毎月の財産（勘定科目）の変動、損益状況の内容・推移を監視しているか。

□　必要に応じて、帳簿・証憑書類のチェックをしているか。

□　理事会などの重要会議に出席して、会計に関する情報を収集しているか。

□　稟議書などの重要書類を閲覧して、会計に関する情報を収集しているか。

□　期中に、事業所や子会社を業務監査するときに、会計的な視点での監査をしているか。

□　業務監査で把握した不良債権や不良棚卸資産などの特定科目の経理処理を確認したか。

□　期中に、非経常的取引や特別プロジェクトがあったときなど、会計処理をチェックしたか。

□　会計に関する内部統制が有効に運用されているか。

（３）期末の決算関係書類の全般的な監査の例示

□　経理部門などから、決算関係書類とその附属明細書を受け取る前後に、当期の決算処理方針・決算関係書類とその附属明細書の重点事項や疑問点について、十分な説明を受けたか。

□　決算関係書類とその附属明細書の様式・表示が、法令の要件を満たしているか。

			（参照条文）
貸借対照表	･･･	生協法施行規則	79～ 91条
損益計算書	･･･	〃	93～103条
剰余金処分案（損失処理案）	･･･	〃	104～106条
注記	･･･	〃	108～121条
附属明細書	･･･	〃	127～128条

（『生協の会計実務の手引き』「決算関係書類の様式例」を参照してください）

□　貸借対照表・損益計算書の各科目の金額は、総勘定元帳の記載と合致しているか。

□　総勘定元帳の期首繰越額は、前期の貸借対照表の記載金額と合致しているか。

□　総勘定元帳と補助簿の金額が合致しているか。

□　附属明細書に記載した事項の金額は、決算関係書類の当該金額と合致しているか。

□　貸借対照表・損益計算書の各科目の金額について、前年度との比較表を作成し、大きな増減金額の内容を確認し、業務実態を把握している監事の目で判断したか。
納得できない場合は、さらに具体的な監査を進める。

（４）貸借対照表の内容の監査の例示

貸借対照表科目の内容について、

① 資産が実在しているか（資産の実在性）

② 負債が網羅されているか（負債の網羅性）

③ 評価の方法が妥当か（評価の妥当性）

という観点から、重点的な項目について自ら実態を監査し、経理部門から報告を求める。

（資産の実在性の監査）

- □ 期末日の現金を実査して、現金残高を確認したか。
- □ 金融機関の残高証明または預金通帳によって、預金、借入金などの実在性を確認したか。
- □ 受取手形、有価証券などの期末時点の実在性を確認したか。
- □ 供給未収金、貸付金などの債権を、先方からの残高確認書と照合したか。
- □ 棚卸資産について、事業所などの期末棚卸表と帳簿残高の整合性を確認したか。
- □ 固定資産台帳と現物が、責任部署で照合されていることを確認したか。

（負債の網羅性の確認）

- □ 負債はすべて計上され、未計上の簿外負債がないことを確認したか。
- □ 計上すべき引当金は、すべて計上されていることを確認したか。
- □ 役員賞与は、発生した年度の費用として処理されているか。
- □ 退職給付債務について、生協が採用している退職給付制度に従って会計処理しているか。

（評価の妥当性の監査）

- □ 受取手形、供給未収金、貸付金などの債権の回収可能性は大丈夫か、貸倒引当金の計上に際して分類されているか、一般債権・貸倒懸念債権・

破産更生債権等の内容は、実態に即した分類・見積算定がされているか。

□ 有価証券で、時価が著しく下落したことによる減損処理の必要なものはないか。

□ 棚卸資産の品質不良、陳腐化、過剰在庫はないか、評価減処理の必要はないか。

□ 有形固定資産の現物状況から見て、遊休・減損・廃棄などの会計処理は適切か。

□ 固定資産の減損会計を導入している場合、資産のグルーピング、減損の兆候の判定が適切に行われているか。

□ 税効果会計を実施している場合、繰延税金資産の具体的内容を把握し、その回収可能性を業務監査の視点から毎期見直し判断をしているか。

（5）損益計算書の内容の監査の例示

収益は実現主義に基づいて計上され、当期に帰属すべきものか、
費用は発生主義に基づいて計上され、当期の収益に対応しているか、
という観点から、重点的な項目について実態を監査し、経理部門から報告を求める。

□ 月次損益計算書の単純累計と期末損益計算書の金額に大きな乖離はないか。

□ 期末近くに計上された収益は、当期に帰属すべきものであることを確認したか。

□ 期末費用に大きな計上漏れ、経費の先送りはないか。

□ 事業損益・事業外損益・特別損益のうち、重点科目や特殊な事項の内容をチェックしたか。

□ 法人税等調整額の内容について、経理部門から分かりやすい説明を受けたか。

（6）剰余金処分案（損失処理案）の内容の監査の例示

剰余金の処分は、重要な事項なので、経理部門に質問し、監事自身がしっかり監査する。

- □ 剰余金処分案（損失処理案）が、法令・定款に適合しているかについてチェックしたか。

  特に、法定準備金、福祉事業積立金、目的積立金、別途積立金への処分案は適正か。
- □ 剰余金処分案（損失処理案）が、組合の財産の状況、当期業績の状況、資金繰りなどの事情に照らして、著しく不当ではないか。

（7）「注記」の内容の実質性監査の例示

監査に先立って、施行規則108～121条の注記に関する規定を理解する。

- □ 重要な会計方針の変更について、すでに報告を受けている内容と合致しているか。
- □ 保証債務、担保設定などの注記事項を、理事会議事録や稟議書で確認したか。
- □ 剰余金処分に関する注記に問題はないか。
- □ 重要な後発事象の記載内容を確認したか。

（8）「附属明細書」の監査の例示

- □ 決算関係書類の附属明細書は、施行規則128条に準拠して作成されているか。
- □ 記載内容は、貸借対照表・損益計算書の記載内容・数値と整合性を保っているか。
- □ 引当金の明細や事業経費の明細などの記載は適正か。

（注）2021年4月1日以降に開始する事業年度から収益認識会計基準が導入されますが、対象は公認会計士監査を受けている生協に限られます。

第５節　公認会計士等の任意監査を受けている生協の会計監査

Ｑ１７　公認会計士等の任意監査を受けている生協の監事は、どのような会計監査をすればよいのですか。
会計監査人の法定監査を受けている生協との違いを教えてください。

(1) 会計監査人の法定監査と公認会計士等の任意監査の違い

1) 会計監査人の法定監査

生協法では、元受共済事業を行う生協であって事業規模が負債総額200億円を超えるもの、または元受共済事業を行う連合会は、決算関係書類とその附属明細書について、監事の監査のほか「会計監査人（公認会計士または監査法人）」の監査を受けなければならないと規定しています（生協法31条の10①）。

その場合、会計監査人が第一次的に会計監査を行い、決算関係書類とその附属明細書の適正性について監査意見を表明します。監事は、決算関係書類とその附属明細書について自分の監査意見を表明するのではなく、自らの監査結果に基づいて、"会計監査人の監査の方法および結果が相当であるかどうか"を判断して監査報告書に記載します。

2) 公認会計士等の任意監査

生協法では、上記以外の生協には、会計監査人の設置を認めていませんので、生協が公認会計士等の監査を受けている場合でも、生協法の会計監査人に関する規定は適用されず、任意の監査と見なされます。

そのため、監事の監査報告も、公認会計士等の監査の方法および結果の相当性を判断するのではなく、公認会計士等の監査の結果を参考にして、自らの監査結果に基づいて、決算関係書類の適正性について監査報告書に監査意見を表明しなければなりません。

ちなみに、生協法が参考にしている会社法では、大会社（資本金５億円以上または負債総額200億円以上の会社）と委員会設置会社には会計監査人の設置を義務づけており、その他の会社でも定款に規定すれば、法定の「会計監査人」を設置することを認めています。

この節では、公認会計士等の任意監査を受けている生協の会計監査について説明します。

(2) 公認会計士等の任意監査と監事の会計監査の関係

公認会計士等の任意監査を受けている生協の場合、どのような会計監査の姿が望ましいのでしょうか。次に一つの事例を挙げてみます。

① 公認会計士等が、第一次的に会計監査を行い、「決算関係書類とその附属明細書が生協の財産・損益の状況を適正に表示しているか否か」について監査意見を表明します。

監事は、会計監査人設置生協の場合と同じように、会計監査の適正性・信頼性を確保するために、公認会計士等が独立の立場を保持して、職業的専門家として適切な監査を実施しているかを監視し検証するとともに、自らも決算関係書類とその附属明細書について自分の実力に合わせた監査を行い、公認会計士等の監査意見を参考にして、監事の監査意見を表明します。

② 公認会計士等と監事の監査は、＜図表５−８＞のような関係にあります。この図表は、前掲の＜図表 5−5＞に「公認会計士等の監査」を挿入したものです。

<図表５−８>　監事と公認会計士等の重層的・複眼的な監査
（公認会計士等の任意監査を受けている生協）

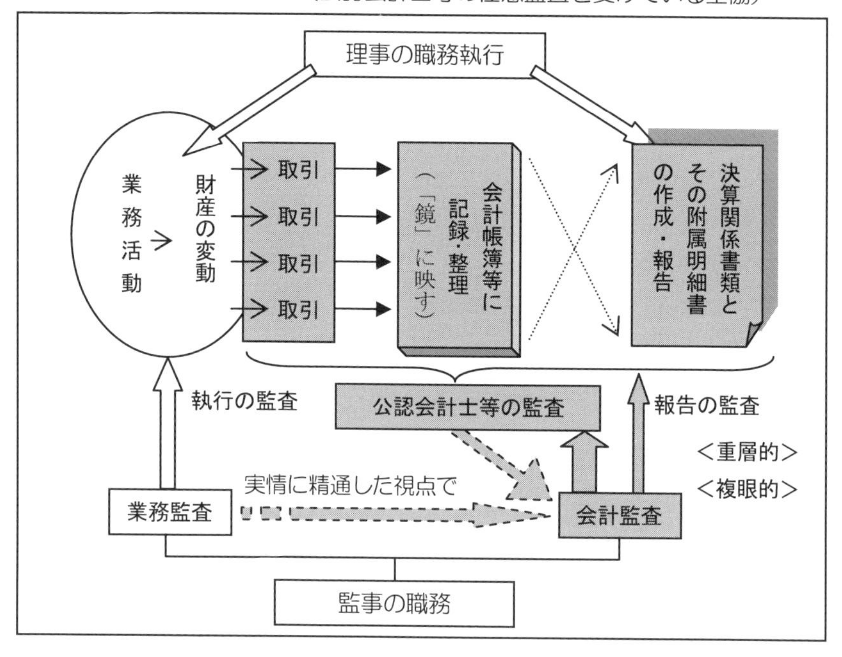

③　監査に当たっては、公認会計士等は、外部の会計の専門家、監査の専門家の立場から、

ｉ）決算関係書類が、法令や会計基準等に準拠して作成されているか否か、生協の財産・損益の状況を適正に示しているか否かについて、

ⅱ）企業会計審議会の「監査基準」「監査に関する品質管理基準」や公認会計士協会の実務指針などに従って監査します。

④　監事は、プロである公認会計士等と同じ視点で、重複的な後追い監査をする必要はなく、

ｉ）日常の業務監査によって、生協の実情に精通した内部者の視点から監査し、

ⅱ）公認会計士等の監査が、専門家としての善管注意義務を尽く

して適正に実施されているかを含めて、決算関係書類の総括的・重点的な監査をします。

つまり、公認会計士等が、第一次的に外部の専門家の視点から会計監査をするのに対して、監事は、内部の実情に精通した関係者の視点から監査をしますので、両者は、重層的・複眼的な会計監査をすることになります。

監事の具体的な会計監査の方法については、次節にチェックリストとして例示しました。ご自分の実力に合わせて、会計監査をするときの参考にしてください。

1）公認会計士等との連係

監事と公認会計士等とは、決算関係書類という同一の監査対象に対して、それぞれが独立した立場で監査を行う責任を負っています。しかし、決算関係書類の適正性・信頼性を確保するという共通の目的を持っているので、相互の信頼関係を基礎としながら、会計監査で得た公認会計士等の情報と、業務監査で得た監事の情報をもとに、意見交換することによって、両者の監査品質の向上と監査効率の向上を図ることが必要です。

そのためには、監査契約締結時、監査計画策定時、中間・期末決算監査時などに定期的な会合を持つとともに、随時の連係にも力を注ぎたいものです。

≪この節のポイント≫

＊会計監査人の法定監査を受けている生協では、会計監査人が「決算関係書類の適正性について監査意見を表明し」、監事は、決算関係書類について自分の監査意見を表明するのではなく、「会計監査人の監査の方法と結果が相当であるかどうか」について監査意見を表明します。

＊これに対して、公認会計士等の任意監査を受けている生協では、公認会計士等が「決算関係書類の適正性について監査意見を表明」しますが、生協法が認める法定監査ではありません。
そのため、監事は、公認会計士等が善管注意義務を尽くして適正に監査しているか否かを監視するとともに、公認会計士等の監査意見を参考にして、自らも「決算関係書類の適正性について監査意見を表明する」という会計監査の最終責任を負っています。

第６節　公認会計士等の任意監査を受けている生協の会計監査のチェックリスト

Ｑ１８　私の生協は、公認会計士等の任意監査を受けていますが、私は会計の知識が少ないので、公認会計士の後追い監査をすることもできません。
どのような会計監査をすればよいのですか。

監事の会計監査は、事業年度が終わって決算関係書類とその附属明細書を受領してから始まるのではありません。<図表 5－8>で示したように、決算関係書類は企業活動の実態を投影したものですから、期初から期末まで、1 年を通して会計監査をすることが必要です。公認会計士も期初から監査を始めていますので、その監査の方法の相当性を判断するためにも、監事は期初から監視することが必要です。期中の監査をしっかり実施しておけば、多忙な期末監査の時間が短縮できます。

そこで、公認会計士等の任意監査を受けている生協の監事は、期初・期中・期末にどんな会計監査をしたらよいかを、チェックリストとして例示しました。

このチェックリストは、p.87 で述べた生協法施行規則 130 条 2 項の規定を念頭において、会計の知識が少なくても、日常業務に精通している監事であれば監査ができるという前提で作成しました。しかし、これだけ監査すればよいということではなく、また、これを全部チェックしなければならないということでもなく、監査方法の一例示に過ぎません。

生協によって監査環境もさまざまですので、それぞれの生協の監査環境と監事の監査力（時間と能力）に合わせて、この例示を加除修正しながら自生協に適した会計監査を行ってください。

＜図表５−９＞　公認会計士等の任意監査を受けている生協の
会計監査のチェックリスト

（０）事前の準備

□　生協法・施行規則の会計に関する条文（＜図表５−３＞を参照）などを理解しておく。

□　自生協の経理規程、決算手続き（日程、作成書類など）の概要を把握しておく。

□　公認会計士等の概要を把握しておく。

（１）期初の会計監査の例示

□　当期の監査計画の中に、業務監査と並行して期を通した会計監査の日程を組み込む。

□　公認会計士等と監事会の各監査計画について、公認会計士等と意見交換をし調整したか。

□　当期に、重要な会計方針（会計処理の原則・手続き、表示方法）の変更はないか。

変更の理由、変更による影響額はどうか。それは、生協の実態から見て相当といえるか。

（２）期中の会計監査の例示

□　月次貸借対照表・損益計算書、月次予算実績分析、部門別分析などに基づいて、毎月の財産（勘定科目）の変動、損益状況の内容・推移を監視しているか。

□　理事会などの重要会議に出席して、会計に関する情報を収集しているか。

□　稟議書などの重要書類を閲覧して、会計に関する情報を収集しているか。

□　期中に、事業所や子会社を業務監査するときに、会計的な視点での監査をしているか。

□　業務監査で把握した、不良債権や不良棚卸資産などの特定科目の経理処理を監査したか。

□　期中に非経常的取引や特別プロジェクトがあったときなど、会計処理をチェックしたか。

□　公認会計士等から、内部統制システムの不備・改善点について意見を聞いたか。

□　期を通して、公認会計士等の監査に立ち会い、意見の交換を図るなど、連係を進めたか。

（３）公認会計士等の監査の方法の相当性判断の例示

（公認会計士等は、企業会計審議会の「監査基準」や実務指針などの“一般に公正妥当と認められる監査の基準”に従って監査を実施するので、監事は、公認会計士等の監査の方法が「監査基準」等に準拠しているか否かを、次のような項目について、生協の実情に精通した視点で具体的に監視・検証し、総合的にその相当性を判断する。）

1）公認会計士等の適格性のチェック

□　「会計監査人の職務の遂行に関する事項（施行規則139条）」について、説明を受けたか。

□　組合と特別な利害関係がなく、精神的独立性を保持しているといえるか。

□　職業的専門家としての職業倫理を遵守しているか。

（職業倫理とは誠実性、公正性、専門能力、正当な注意、守秘義務などをいう。）

□　監査法人の組織的監査体制、監査意見を出すにあたっての審査体制（監査法人内の審査の手続きや検討体制）に問題はないか。

2）（期初）監査計画の妥当性のチェック

□　「監査計画概要書」は、監査日程・実施範囲など当組合に適合した計画になっているか。

□　前期からの懸案事項への対処、当期の重点監査項目は適切と判断できるか。

☐　内部統制の問題点、監査上のリスクにどのように対応しているか。

☐　事業所・子会社等の往査などの監査計画の内容は適切か。

3）（期中）監査実施状況のチェック

☐　公認会計士等の監査手続き（実査・立会・確認・突合・分析など）に立ち会い、確認・質問などによって、その監査手続きが相当であると判断したか。

☐　公認会計士等の監査の障害になるような監査環境はないか（時間不足、生協側の監査対応など）。

4）（期末）「会計監査報告書」「監査実施状況報告書」のチェック

☐　監査計画と実施状況に差異があるとき、その理由を確認したか。

☐　重点監査項目の監査、その他の重要な監査手続きの実施状況はどうだったか。

☐　会計方針、会計処理および表示、理事の見積りについての意見を聞いたか。

☐　後発事象、内部統制の評価等についての意見を聞いたか。

☐　監査法人が監査意見を出すにあたって行った審査の経過、結果について報告を受けたか。

（４）公認会計士等の監査の結果の相当性判断の例示

（監事自らの監査を踏まえて、公認会計士等の監査結果の相当性を判断する。）

1）決算関係書類の全般的な監査

☐　決算関係書類を受け取る前後に、決算処理方針や重点事項の十分な説明を受けたか。

☐　執行部門と公認会計士等の間で意見の調整が行われた事項があれば、その内容は何か。

□　貸借対照表・損益計算書の各科目の金額について、大きな増減金額の内容を確認し、業務実態を把握している監事の目でその増減原因を判断したか。

2）貸借対照表の内容の実質性の監査

貸借対照表科目の内容について、

①　資産が実在しているか（資産の実在性）

②　負債が網羅されているか（負債の網羅性）

③　評価の方法が妥当か（評価の妥当性）

という観点から、重点的な項目について自ら監査し、公認会計士等、経理部門から報告を求める。

□　現預金、受取手形、供給未収金、棚卸資産、有価証券などについての公認会計士等の実査・確認の内容を聴取して、実在性を確認したか。

□　受取手形、供給未収金、貸付金などの債権の回収可能性を確認したか。

□　棚卸資産の品質不良、陳腐化、過剰在庫はないか。評価減処理は適正か。

□　有形固定資産の現物状況から見て、遊休・減損・廃棄等の会計処理は適切か。

□　固定資産の減損会計で、グルーピング、減損の兆候の判定の適切性を確認したか。

□　繰延税金資産の回収可能性を業務監査の視点から見直しチェックをしたか。

□　負債はすべて計上され、計上すべき引当金はすべて計上されているか。

3）損益計算書の内容の実質性の監査

収益は収益認識会計基準に基づいて計上され、当期に帰属すべきものか、

費用は発生主義に基づいて計上され、当期収益に対応しているか、

という観点から、重点的な項目について自ら監査し、経理部門から報告

を求める。

☐ 月次損益計算書の単純累計と期末損益計算書の金額に大きな乖離はないか。

☐ 期末近くに計上された収益は、当期に帰属すべきものであることを確認したか。

☐ 期末費用に大きな計上漏れ、経費の先送りはないか。

☐ 事業損益・事業外損益・特別損益のうち、重点科目や特殊な事項の内容をチェックしたか。

☐ 法人税等調整額の内容について、経理部門から説明を受けたか。

4）剰余金処分案（損失処理案）の内容の実質性の監査

剰余金の処分は、重要な事項なので、経理部門に質問し、監事自身がしっかり監査する。

☐ 剰余金処分案（損失処理案）が、法令・定款に適合しているかについてチェックしたか。

特に、法定準備金、福祉事業積立金、目的積立金、別途積立金への処分案は適正か。

☐ 剰余金処分案（損失処理案）が、組合の財産の状況、当期業績の状況、資金繰りなどの事情に照らして、著しく不当ではないか。

5）「注記」の内容の実質性監査

監査に先立って、施行規則108～121条の注記に関する規定を理解する。

☐ 重要な会計方針の変更について、すでに報告を受けている内容と合致しているか。

☐ 保証債務、担保設定などの注記事項を、理事会議事録や稟議書で確認したか。

☐ 剰余金処分に関する注記に問題はないか。

☐ 重要な後発事象の記載内容を確認したか。

6）「附属明細書」の実質性の監査

□　引当金の明細や事業経費の明細などの記載は適正か。

第７節　事業報告書とその附属明細書の監査

Ｑ１９　事業報告書とその附属明細書の監査のポイントを教えてください。

(1) 事業報告書とその記載事項

事業報告書は、貸借対照表や損益計算書のような決算関係書類ではありませんが、決算関係書類と同じように、理事が１年間の受託責任遂行の経緯と結果を明らかにするために作成しなければならない報告書であり（生協法31条の9②)、貸借対照表や損益計算書の計数的情報だけでは表しきれない生協の状況に関する重要な事項を記載します。したがって、事業報告書は、組合員などが生協の状況を正確に判断できるように、明瞭に記載する必要があります。

事業報告書に記載して開示しなければならない事項については、生協法施行規則で<図表５－10>に示す通り、明確かつ詳細に規定しています。

<図表５－10>　事業報告書の記載内容（施行規則122～125条）

1．組合の事業活動の概況に関する事項

① 当該事業年度の末日における主要な事業活動の内容

② 当該事業年度における事業の経過およびその成果

③ 当該事業年度における次に掲げる事項についての状況

増資・借入等の資金調達、設備投資、他法人との業務提携など

④ 直前３事業年度の財産および損益の状況

⑤ 対処すべき重要な課題

⑥ 上記のほか、当組合の現況に関する重要な事項

2．組合の運営組織の状況に関する事項

① 前事業年度における総(代)会の開催状況に関する次の事項
　開催日時、出席組合員数、重要事項の決議状況

② 組合員に関する事項
　組合員数とその増減、組合員の出資口数とその増減

③ 役員に関する事項
　役員の氏名・地位・担当、重要な兼職状況、辞任役員に関する事項、役員補償契約・役員賠償責任保険に関する事項（締結・加入している場合）

④ 職員数とその増減、その他の職員の状況

⑤ 業務の運営の組織に関する事項
　組合内部の組織図、協力組織の概要

⑥ 施設の状況に関する事項
　主たる事務所、共済代理店の数・増減・商号・所在地

⑦ 子法人等および関連法人等の状況に関する事項

⑧ 上記のほか、当組合の運営組織の状況に関する重要な事項

3．その他組合の状況に関する重要な事項

（決算関係書類に関する事項は除く）

また、事業報告書の附属明細書に記載する内容（重要でないものは除く）についても、生協法施行規則で<図表5－11>に示すとおり定めています。

<図表5－11>　事業報告書の附属明細書の記載内容（施行規則129条）

1．当事業年度に係る役員の報酬の総額、理事・監事の区分ごとの内訳

2．役員が他の法人の役員等を兼務している場合、その氏名・法人等

の名称と地位
3．役員との自己取引・利益相反取引の内容
4．その他事業報告の内容を補足する重要な事項

(2) 事業報告書とその附属明細書の監査

公認会計士等の監査を受けている生協であっても、事業報告書は公認会計士等の監査対象ではありませんので、監事がしっかり監査する必要があります。

監事が、事業報告書とその附属明細書を監査する場合は、特に次の点に留意してください。

＜図表５−12＞　事業報告書とその附属明細書の監査のポイント

□　上記の生協法施行規則の規定に従って、法定の記載事項が欠落なく作成されているか。

□　記載事項が、生協の状況を適正に明確に示しているかどうかを、生協の実態に精通している業務監査の視点からチェックする。

□　内部統制システムを整備している生協は、理事会で決議された「基本方針」が、事業報告書に適正に記載されているか。

≪この節のポイント≫

＊事業報告書とその附属明細書の監査のポイントは三つです。

①　法定の記載事項が欠落なく作成されているか。

②　業務監査の視点から、記載事項が生協の実態を適正に示しているといえるか。

③　内部統制システムに関する理事会決議の内容が、適正に記載されているか。

第６章　監査報告書の作成と提出

（1）監査報告書の作成と通知

（2）各監事の準備作業

（3）監査報告書の記載内容

（4）組合員に提供する監査報告書

（5）監査報告書の文例

Q20　監査報告書を作成しなければならない時期になりました。
何から始めたらよいのでしょうか。

第1章で述べたように、監事が組合員から委任された職務は、

①　組合員が理事に委任した職務の執行状況をしっかり監査すること

②　その監査の方法と結果を組合員に報告すること

の二つでした。

毎事業年度に、監事が監査の方法と結果を組合員に報告することは、重要な受任義務であるとともに監事の1年間の仕事の集大成でもあります。

(1) 監査報告書の作成と通知

組合の理事は、毎事業年度に、1年間の職務の執行の経過と結果を組合員に報告するために、決算関係書類、事業報告書およびこれらの附属明細書を作成しなければなりません（生協法31条の9②）。

監事は、理事から決算関係書類、事業報告書とこれらの附属明細書を受領したときは、原則として受領後4週間経過した日までに監査報告書を作成して（施行規則131〜133条）、特定監事から特定理事（＜図表6−1＞）に通知しなければなりません（施行規則133条①）。

＜図表6−1＞　特定理事と特定監事

特定理事とは、監査報告を受ける者として定めた者をいい、特に定めていない場合は、決算関係書類・事業報告書・これらの附属明細書の作成業務を行った理事をいいます。

特定監事とは、監査報告を特定理事に通知すべき者として定めた監事をいい、定めない場合は、すべての監事が特定監事となります。

特定理事と特定監事は、合意して監査報告の通知期限を延長することがで

きます。
いずれの場合も、監査報告の授受を担当する役割なので、監事の場合は、常勤監事が兼務する場合が多いようです。

(2) 各監事の準備作業

各監事は、まず自分たちの監査報告書を作成するために、次のような準備作業を始める必要があります。

① 期中に実施した個別監査の監査調書、監事会に報告した資料や議事録に記載された活動記録、理事会等における意見陳述の議事録などの期中の監査活動の裏付けとなる資料を確認して、自分自身の年間の監査の方法・結果・所見等を整理します。

② 各監事のまだ済んでいない監査事項や、決算監査などの期末に実施すべき監査を実施します。

③ 上記の①②を含めて、年間を通じての監査の方法・結果・所見をまとめて、期末監査調書を作成します。

④ 上記の期末監査調書を裏付けとして、各監事の監査報告書を作成します。

(3) 監査報告書の記載内容

監事の監査報告書に記載しなければならない事項は、生協法施行規則で定められています（生協法30条の3②、施行規則131条、132条）。

生協法施行規則では、決算関係書類とその附属明細書の監査報告書と事業報告書とその附属明細書の監査報告書は、別々に規定されていますが、＜図表6−2＞のように、1通にまとめて作成することができます。

＜図表６−２＞　監事の監査報告書の記載内容（施行規則131条、132条）

１）　監事の監査の方法及びその内容 ２）　事業報告書及びその附属明細書が法令又は定款に従い当該組合の状況を正しく示しているかどうかについての意見 ３）　当該組合の理事の職務の遂行に関し、不正の行為又は法令若しくは定款に違反する重大な事実があったときは、その事実 ４）　決算関係書類（剰余金処分案又は損失処理案を除く。）及びその附属明細書が当該組合の財産及び損益の状況をすべての重要な点において適正に表示しているかどうかについての意見 ５）　剰余金処分案又は損失処理案が法令又は定款に適合しているかどうかについての意見 ６）　剰余金処分案又は損失処理案が当該組合の財産の状況その他の事情に照らして著しく不当であるときは、その旨 ７）　監査のため必要な調査ができなかったときは、その旨及びその理由 ８）　追記情報（下記の事項その他の事項について、監事が説明又は強調する必要があると判断した場合に記載する。） (1)　正当な理由による会計方針の変更 (2)　重要な偶発事象 (3)　重要な後発事象 ９）　監査報告を作成した日

監査報告書作成の留意事項

①　上記の事項は、生協法施行規則の定めにより必ず記載しなければなりませんが、８）については、監事が必要と判断したときにのみ記載します。

②　上記以外に、「付記意見」や「付記事項」などとして、追加的に監事の監査意見を付記することは任意です。

③　＜図表６−２＞の「１）監査の方法及びその内容」には、監査報告書

を読む人が監査の信頼性を正確に判断できるように、監事が実際に行った監査の方法について、概要ではなく、より具体な監査手法や監査のポイントを記載することが望ましいと考えます。しかし、ひな型に記載されているからといって、実施していないことを書くことは、監査報告書に虚偽の記載をしたことになります。

(4) 組合員に提供する監査報告書

生協法では、監事は、決算関係書類、事業報告書とそれらの附属明細書を受領したときは、<図表 6−2>に示した内容の監査報告書を作成しなければならないと規定しています（施行規則 131 条、132 条)。

つまり、監事は、本来独任制であり、他人の意見に左右されないので、監査報告書は各監事それぞれが作成しなければならないということです。

しかし、通常総(代)会に際して組合員に提供する決算関係書類及び事業報告書（生協法 31 条の 9⑦）に添付する各監事の監査報告書の内容が同一である場合には、監事連名の監査報告書を作成してもよいとされています（施行規則 143 条①一ロ、146 条①二)。

ただし、監事連名の監査報告書を作成するにあたっては、監事会で各監事の監査報告の内容に基づいて、時間をかけて審議し意見の調整を行う必要があります。

なお、十分審議を行っても異なる意見がある場合には、その監事は、別個に監査報告書を作成し提供しなければなりません。

会社法では「監査役会」は会社の機関として規定されていますので、監査報告書を作成する権限が与えられています。しかし、生協法には「監事会」に関する規定がなく、監査報告書は生協法施行規則の定めに従って、「監事一人ひとり」が作成し提供する義務と権限があります(生協法30条の 3②、施行規則 131 条①、132 条、133 条)。

したがって、定款などで「監事会」の設置を定めていても、それは各生協の任意の機関であり生協法に基づく法定の機関ではありませんので、上記のように各監事の監査意見が一致して一通の監査報告書を作成する場合でも、監事会に作成権限はなく、作成者は連名の監事一人ひとりになります。

(5) 監査報告書の文例

『生協監事監査基準モデル』に組合員に対して提供される監査報告文例が載っています。

① 公認会計士等の監査を受けていない組合の監事の監査報告（本書p.160～161）

② 任意監査として公認会計士等の監査を受けている組合の監事の監査報告（p.162～163）

この文例は、監事が生協法に定める監査報告を作成する際の参考となるものです。文例の前書、文例の（注）部分も理解した上で、参考にしてください。

≪この章のポイント≫

＊監査報告書を作成することは、監事の重要な受任義務であり、１年間の仕事の集大成です。

＊監査報告書の記載内容は、生協法施行規則で定められていますので、記載漏れのないように注意が必要です。

＊監査報告書の作成義務は、監事会ではなく、監事一人ひとりにあります。

資　　料

生協監事監査基準モデル

生協監事監査基準の名称変更と改定について

生協監事監査基準モデル

監事の監査報告文例の設定にあたって

日本生活協同組合連合会

1987年　3月　1日制定

1996年　3月　28日改定

1998年　5月　25日改定

2002年　12月　20日改定

2008年　5月　14日改定

2012年　9月　24日改定（最終）

生協監事監査基準の名称変更と改定について

2012年9月24日

日本生活協同組合連合会　会員支援本部

1．経緯

現行生協監事監査基準は、2008年5月1日に、構成も含め全面改定をおこなった。59年ぶりに生協法が大幅に改正され、改正生協法及び同施行規則では、会社法をベースとした監事の職務権限の明確化、一定規模を超す生協への常勤監事及び員外監事の設置の義務化、共済事業を行なう一定規模を超える単位生協および連合会への会計監査人監査の義務化など、監査に係る多くの改正が行なわれた。これに応えられる生協監事監査基準の改定が必要となったのが前回改定の背景である。改定に際しては、公益社団法人日本監査役協会が作成・公表している「監査役監査基準」が参考とされた。その理由は、改正生協法に会社法の準用が非常に多く、特に監事に関わる規定の多くは会社法の監査役に関する規定を準用したからである。従って、改定は、構成、内容とも全面的なものとなった。

前回の改定から4年が経過した。この間の監事監査の実践、監事監査を取り巻く環境の変化等をふまえ、必要な改定を行なった。

2．改定の主旨

（1）　前回の改定以降、生協におけるガバナンスの整備・機能強化が図られてきた。監事監査においては、「監事監査の環境整備に関する指針～地域生協向け」の確定・公表、二度にわたる「監事監査実態調査」の実施等の取り組みが進められてきた。特に、「監事監査実態調査」から浮き彫りになった課題は、現行生協監事監査基準の基本的位置づけの変更や内容の抜本的改定を図るよりは、監事監査に関する基本的な理解について全国生協への普及を進めることが急務であると考えられ、監査報告の改善や県連主催の監事研修会の開催の取り組みが進められてきた。

（2）したがって、今回の見直しは、現行生協監事監査基準の位置づけを基本的に維持しつつ、部分的な修正を図るという基本スタンスで行なった。誤解を招く記述の訂正に加えて、この間の実践の進展（内部統制の取り組み）や監事監査の環境整備に関する議論の到達点を踏まえて、修正を加えた。併せて、生協監事監査基準の各条項の性格（法令上必須事項なのか、望ましい事項なのか）について整理し、解説に反映させることにより、活用しやすくすることを目指した。

（3）改定の主な内容

① 名称を目的に即し「生協監事監査基準モデル」（以下「本モデル」という。）とした。

② 本モデルに前文を設定し、「生協のガバナンスと理事・監事の職責、監事の職務と監査環境整備の意義、監事会、監査報告」の重要性について記載した。

③ 基準構成・文章編成を見直した。

・ より活用しやすい内容とするため、この間の実践、とくに内部統制の取り組みの進展、監事監査の環境整備に関する議論の到達点、監事監査実態調査を踏まえ、構成の見直し・文章編成の見直しを行なった。

・ 「特則」の第1章（常勤監事・員外監事・監事会・監事（会）事務局）、第2章（公認会計士等との連係）、第3章（内部監査部門等との連係）は、「総則」「監査業務」の適切な箇所に移した。会計監査及び監査計画と業務分担については、公認会計士等監査を実施していない場合としている場合の2つのパターンとした。その他、役員選任方式をとる場合と選挙方式をとる場合についても2パターンとした。

・ 基準の体裁を、章の連番・条の連番をつけ、全体が網羅的に見やすく活用しやすくした。

・ 必須事項（必要度の高い項目）と特定事項（常勤監事の規定など特定の生協にとって必要度の高い項目）がわかるよう解説で明らかにした。

④ 基準の新設と内容の追加を行なった。

・ 「組合員監事に関する規定」及び「組合不祥事発生時の対応」について新設した。

・　監事会の設置を全生協対象とし、監事会の機能・監事会の職務等について追加した。

・　この間の実践の進展、監事監査の環境整備についての議論の到達点を踏まえ、「監事選任手続・選挙手続への関与」「監査計画及び業務の分担」、「内部統制システムの構築・運用状況の監査」、「子会社等の監査」等について追加した。

⑤　基準から削除した。

法定監査組合は、元受共済事業を行なう生協に限定され、しかも連合会と負債総額200億円超の単位生協と規定されている。対象はごく一部の生協であり、該当箇所を基準から削除した。

⑥　必要に応じて表現等の修正を行なった。

⑦　「監査報告」文例の一部削除と記載内容・注記の追加・修正等を行なった。

文例3例のうち、「会計監査人組合の監事の監査報告」は削除し、関連する注記も削除した。監査の方法及びその内容の記載内容について、「内部統制システム監査に関して」追加した。その他注記の追加、誤解をまねく箇所を修正・削除した。

3．本モデルの位置づけと対象生協について

本モデルは、監査基準のひな型ではなく、監事に期待されている役割と責務を明確にし、監事自身が職責を遂行するための拠りどころになることを意図して制定した。本モデルは、「各生協がそれぞれの監査環境等に応じて監査基準を設定するときの参考になる」ものであるとともに、独自の監査基準を設定しない生協において直接参照され、参考となる実践指針的な性格を有するものである。

本モデルを自生協の基準として採択した場合や、本モデルを参考にして自生協の監査基準として制定した場合は、その基準にしたがって監査を遂行する一定の義務を負うことに留意する必要がある。

本モデルは地域生協を対象としている。医療福祉生協、学校生協、職域生協、大学生協などについては、本モデルを参考にしていただければ幸いである。

4．その他

<凡例>

解説文の法令等の略称は、次のとおりとする。

文中	法令等
法、生協法	消費生活協同組合法
施規	消費生活協同組合法施行規則
会法	会社法
準会法	準用会社法
指針	監事監査の環境整備に関する指針
模定	模範定款例

<言葉の使い方>

※　「生協」の表現は法の表現の「組合」で統一する。

※　(数字) の意味　①は項を表す。

(例　法第 30 の 3③→法第 30 条の 3　3 項)

(例　法第 28 条⑥→法第 28 条 6 項)

以　上

参考資料　「生協監事監査基準モデル」の構成一覧表　2012年9月24日

章の内容	条の内容	公認会計士等監査	
		なし	あり
第1章　目的	第1条　目的	○	○
第2章 監事の職責と心構え	第2条　監事の責務	○	○
	第3条　監事の職務	○	○
	第4条　監事の心構え	○	○
第3章 監事及び監事会	第○条　常勤監事（設置の場合条追加）		
	第5条　員外監事及び有識者監事	○	○
	第6条　組合員監事	○	○
	第7条　監事会の機能	○	○
	第8条　監事会の職務	○	○
	第9条　監事会の運営	○	○
	Aパターン　選任方式の場合		
	第10条　監事選任手続等への関与及び同意手続		
	第11条　監事候補者の選考基準		
	Bパターン　選挙方式の場合		
	第10条　監事選挙手続等への関与		
	第11条　監事候補者の推薦基準		
	第12条　監事の報酬等	○	○
	第13条　監査費用	○	○
第4章 監事監査の環境整備	第14条　代表理事との定期的会合	○	○
	第15条　監事監査の実効性を確保する体制	○	○
	第16条　監事スタッフ	○	○
	第17条　監事スタッフの独立性の確保	○	○
	第18条　監事への報告に関する体制等	○	○

第5章 業務監査	第19条　理事の職務の執行の監査	○	○
	第20条　理事会等の意思決定の監査	○	○
	第21条　理事会の監督義務の履行状況の監査	○	○
	第22条　内部統制システムの構築・運用の状況の監査	○	○
	第23条　理事の自己契約等の監査	○	○
	第24条　組合不祥事発生時の対応	○	○
	第25条　事業報告書等の監査	○	○
第6章 会計監査	Aパターン　公認会計士等監査を受けていない場合		
	第26条　会計監査	○	
	第27条　会計方針等の監査	○	
	第28条　決算関係書類の監査	○	
	Bパターン　公認会計士等監査を受けている場合		
	第26条　会計監査		○
	第27条　公認会計士等の職務の遂行が適正に行なわれることを確保するための体制の確認		○
	第28条　会計方針等の監査		○
	第29条　決算関係書類の監査		○
	第30条　公認会計士等の再任・選任等		○
	第31条　公認会計士等の報酬等		○
第7章 監査の方法	Aパターン　公認会計士等監査を受けていない場合		
	第29条　監査計画及び業務の分担	○	

	Bパターン　公認会計士等監査を受けている場合		
	第32条　監査計画及び業務の分担		○
	第33条　公認会計士等との連係		○
	以下連番の表示 公認会計士等監査受けていない場合 （公認会計士等監査受けている場合）		
	第30（34）条　内部監査部門等との連係による組織的かつ効率的監査	○	○
	第31（35）条　理事会への出席・意見陳述	○	○
	第32（36）条　理事会の書面決議	○	○
	第33（37）条　重要な会議等への出席	○	○
	第34（38）条　文書・情報管理の監査	○	○
	第35（39）条　組合の開示情報の監査	○	○
	第36（40）条　理事及び職員等に対する調査等	○	○
	第37（41）条　組合財産の調査	○	○
	第38（42）条　組合集団の調査	○	○
第8章　組合員代表訴訟への対応	第39（43）条　理事と組合間の訴えの代表	○	○
	第40（44）条　理事の責任の一部免除に関する同意	○	○
	第41（45）条　組合員代表訴訟提訴請求の受領、不提訴理由の通知	○	○
	第42（46）条　補助参加の同意	○	○
	第43（47）条　訴訟上の和解	○	○

第9章 監査の報告	第44（48）条　監査内容等の報告・説明	○	○
	第45（49）条　監査調書の作成	○	○
	第46（50）条　代表理事及び理事会への報告	○	○
	第47（51）条　監査報告の作成・通知	○	○
	第48（52）条　総(代)会への報告・説明等	○	○

生協監事監査基準モデル

2012年9月24日
日本生活協同組合連合会 会員支援本部

（前　　文）

<生協のガバナンスと理事・監事の職責>

理事と監事とはともに役員として生協と委任関係にあり、独立・対等の立場で生協のガバナンスの一翼を担う存在として、制度上設計されています。理事は理事会を構成し、重要事項に関する意思決定や代表理事の業務執行状況の監督にあたります。監事は、理事の職務の執行を監査（＝監視・検証）し、事業報告書・決算関係書類（剰余金処分案を除く）やそれらの附属明細書の適正性、剰余金処分案の法令・定款適合性、理事の職務執行における不正な行為や法令・定款に違反する重大な事実の有無について、監査報告に記載して総代会に報告する責務があります。こうした理事、監事の職務が十分に果たされることが、生協における健全なガバナンスを実現する上で重要な意義を持ちます。

<監事の職務と環境整備の意義>

監事は、上記の職務につき善管注意義務を尽くして遂行しなければならず、十分に職務を遂行しているか否かについて法的責任を問われ得る立場にあります。監事の具体的な職務は理事の職務の執行を監査することですが、監事が制度上の要請に応えて監査業務を十全に行なっていく上では、監事監査の環境整備が不可欠です。

監事監査の環境整備に努めることは、監査業務と並ぶ監事の重要な職務であり、監事が主体性をもって取り組むことが必要です。しかし、監事監査の環境整備には理事や理事会の理解と協力も不可欠であり、監事の職務の執行のために必要な体制の整備に留意することは理事や理事会の責務でもあります。このことは、生協法施行規則第58条2項に規定されています。

＜監事会＞

監事は独任制の機関ですが、広範にわたる理事の職務の執行状況を監視し検証するという職務を適正に果たしていく上では、監事全員により構成される任意の機関として監事会を設置することが適切です。監事会では、監査の方針、監査計画、監査の方法、監査業務の分担等について審議を行ない、各監事による監査の実施状況を報告し、得られた情報を他の監事と共有するなどして、監事監査の実効性を高め、組織的かつ効率的な監査の実施に役立てていくことが重要です。そして、監事監査の環境整備にあたっても、監事会における協議を通じて、監査環境の整備に関する考え方を検討することが求められます。

＜監査報告＞

監事は、事業年度の監査が終了し、事業報告書・決算関係書類やそれらの附属明細書を受領した場合は、それらの書類について検討のうえ、監査報告を作成しなければなりません。その監査報告には、実際に実施した監査の方法及びその内容と監査結果の記載が必要とされます。

したがって、監事は、自信をもって監査報告に記載し、総代会に報告することができるよう、具体的な監査の方法の裏づけとなる監査活動を実施し、個々の活動ごとに監査調書を作成する等により、その証跡を残さなければなりません。

本モデルは、以上の考え方に基づいて作成しています。

第１章　目的

（目的）

第１条

１　本基準は、監事の職責とそれを果たすうえでの心構えを明らかにし、併せて、その職責を遂行するための監査体制のあり方と、監査にあたっての基準及び行動の指針を定めるものである。

２　監事は、組合規模、経営上のリスクその他組合固有の監査環境にも配慮して本基準に則して行動するものとし、監査の実効性の確保に努めなければならない。

第２章　監事の職責と心構え

（監事の責務）

第２条

監事は、組合員の負託を受けた独立の機関として理事の職務の執行を監査することにより、持続的な発展を可能とする組合の健全な運営と社会的信頼に応えるガバナンスを確立する責務を負っている。

（監事の職務）

第３条

前条の責務を果たすため、監事は、理事会その他重要な会議への出席、理事及び職員等から受領した報告内容の検証、組合の業務及び財産の状況に関する調査等を行い、理事又は職員等に対する助言又は勧告等の意見の表明、理事の行為の差止めなど、必要な措置を適時に講じなければならない。

（監事の心構え）

第４条

（公正不偏の態度）

１　監事は、独立の立場の保持に努めるとともに、法令及び定款並びに監事監査規則（監事会規則）を遵守し、組合及び組合員、その他の利害関係者のために常に公正不偏な態度をもって、その職務を執行しなければならない。

（自己研鑽）

2　監事は、監査を実施するために必要な知識および技術の習得に常に努めなければならない。

（適正な監査視点）

3　監事は、適正な監査視点を形成するために、経営全般の見地から経営課題についての認識を深め、経営状況の推移と組合をめぐる環境の変化を把握するよう努めなければならない。

（意思疎通の確保）

4　監事は、平素より組合及び子会社等の理事若しくは取締役及び職員等との意思疎通を図り、情報の収集及び監査の環境の整備に努めなければならない。

（情報の共有）

5　監事は職務上知り得た重要な情報を、他の監事と共有するよう努めなければならない。

（適正な意見形成）

6　監事は、監査意見を形成するにあたり、よく事実を確かめ、判断の合理的根拠を求め、その適正化に努めなければならない。

（秘密保持）

7　監事は、その職務の遂行上知り得た情報の秘密保持に十分注意しなければならない。

（理事への説明）

8　監事は、持続的な発展を可能とする組合の健全な運営と社会的信頼に応えるガバナンスの確立と運用を果たすため、監事監査の環境整備が重要かつ必須であることを、代表理事を含む理事に理解し認識させるよう努めなければならない。

第３章　監事及び監事会

（常勤監事）

第○条

１　監事の互選をもって常勤監事を定める。

２　常勤監事は、常勤者としての特性を踏まえ、監査の環境の整備及び組合内の情報の収集に積極的に努め、かつ、内部統制システムの構築・運用の状況を日常的に監視し検証する。

３　常勤監事は、その職務の遂行上知り得た情報を、他の監事と共有するよう努めなければならない。

（員外監事及び有識者監事）

第５条

１　（員外監事及び）有識者監事は、監査体制の独立性及び中立性を一層高めるために選任されていることを自覚し、積極的に監査に必要な情報の入手に心掛けるとともに、他の監事と協力して監査の環境の整備に努めなければならない。

２　（員外監事及び）有識者監事は、その独立性、選任された理由等を踏まえ、中立の立場から客観的に監査意見を表明することが特に期待されていることを認識し、代表理事及び理事会に対して忌憚のない質問をし又は意見を述べなければならない。

（組合員監事）

第６条

１　組合員監事は、国民の自発的な生活協同組織である組合の構成員としての立場、また出資者・利用者としての立場から、理事の職務執行を監査する。

２　組合員監事は、組合員の声や情報の収集に努め、監事会における他の監事との審議を通じて、公正で適正な監査意見の形成に努めなければならない。

（監事会の機能）

第7条

1　監事は、監査の実効性を確保するために、すべての監事で監事会を組織する。

2　各監事は、職務の遂行の状況を監事会に報告するとともに、監事会を活用して、監査の方針、業務及び財産の状況の調査の方法その他の監事の職務の執行に関する事項を定める。ただし、監事会は各監事の権限の行使を妨げるものではない。

3　監事会は、必要に応じて理事及び理事会に対し監事会の意見を表明する。

4　監事会は、理事及び職員等が監事会に報告すべき事項を理事と協議して定め、その報告を受けるものとする。

（監事会の職務）

第8条

1　監事会は、次に掲げる職務を行なう。ただし第 2 号の決定は、各監事の権限の行使を妨げることはできない。

①　監査報告の審議

②　監査の方針、業務及び財産の状況の調査の方法その他の監事の職務の執行に関する事項の決定

2　監事会は、特定理事から事業報告書及び決算関係書類並びにこれらの附属明細書の通知を受ける特定監事を定めることができる。

（監事会の運営）

第9条

1　監事会は、定期的に開催し、理事会の開催日時、各監事の出席可能性等にも配慮しあらかじめ年間の開催日時を定めておくことが望ましい。ただし、必要があるときは随時開催するものとする。

2　監事会は、監事の中から議長を定める。監事会の議長は、監事会を招集し運営するほか、監事会の委嘱を受けた職務を遂行する。ただし、各監事の権限の行使を妨げるものではない。

3　監事会は、各監事の報告に基づき審議をし、監事の監査意見形成に資する。

4　監事会の決定もしくは協議する事項については、十分な資料に基づき検討しなければならない。

5　監事は、監事会議事録に議事の経過の要領及びその結果が適切に記載されているかを確かめ、出席した監事は、これに署名又は記名押印しなければならない。

Aパターン　役員選任方式をとる場合（第10条～第11条）

（監事選任手続等への関与及び同意手続）

第10条

1　監事は、理事が総(代)会に提出する監事の選任議案について、独立性の確保に留意して同意の当否を監事会で決定しなければならない。併せて、監事の人選等に関する協議の機会を請求しなければならない。

2　監事は、必要があると認めたときは、監事会で検討の上、理事に対して、監事の選任を総(代)会の目的とすることを請求し、または総(代)会に提出する監事の候補者を提案しなければならない。

3　監事は、監事の独立性に留意して、監事の選任、解任、辞任、または不再任について意見をもつに至ったときは、総(代)会で意見を表明しなければならない。

（監事候補者の選考基準）

第11条

1　監事会は、監事の（常勤・）非常勤（又は員外）・有識者・組合員の別及びその員数、現任監事の任期、専門知識を有する者の有無、欠員が生じた場合の対応等を考慮し、監事候補者の選考に関して一定の方針を定めるものとする。

2　監事候補者の選考に際しては、監事会は、任期を全うすることが可能か、業務執行者からの独立性が確保できるか、公正不偏の態度を保持できるか等を勘案し、監事の適格性を慎重に検討しなければならない。なお、監事のうち最低 1 名は、財務及び会計に関して相当程度の知見を有する者であることが望ましい。

3　（員外監事又は、）有識者監事候補者の選考に際しては、監事会は、組合との関係、代表理事その他の理事及び主要な職員との関係等を勘案して独立性に問題がないことを確認するとともに、理事会及び監事会等への出席可能性等を検討するものとする。

Bパターン　役員選挙方式をとる場合（第 10 条～第 11 条）

（監事選挙手続等への関与）

第 10 条

監事は、理事が選挙管理委員会に監事候補を推薦するに先立って、推薦プロセス及び人選等について協議の機会を請求しなければならない。

（監事候補者の推薦基準）

第 11 条

1　監事会は、監事の（常勤・非常勤）、（又は員外）・有識者・組合員の別及びその員数、現任監事の任期、専門知識を有する者の有無、欠員が生じた場合の対応等を考慮し、監事候補者の推薦に関して一定の方針を定めるものとする。

2　監事候補者の推薦に際しては、監事会は、任期を全うすることが可能か、業務執行者からの独立性が確保できるか、公正不偏の態度を保持できるか等を勘案し、監事の適格性を慎重に検討しなければならない。なお、監事のうち最低 1 名は、財務及び会計に関して相当程度の知見を有する者であることが望ましい。

3　（員外監事又は）有識者監事候補者の推薦に際しては、監事会は、組合との関係、代表理事その他の理事及び主要な職員との関係等を勘案して独立性に問題がないことを確認するとともに、理事会及び監事会等への出席可能性等を検討するものとする。

共　　通

（監事の報酬等）

第12条

1　各監事の報酬等の額については、総(代)会で決議された総額の範囲内で、常勤・非常勤の別、監査業務の分担の状況、理事の報酬等の内容及び水準等を考慮し、監事の協議をもって定めなければならない。

2　監事は、監事の報酬等について意見があるときは、必要に応じて理事会または総(代)会で意見を述べなければならない。

（監査費用）

第13条

1　監事は、その職務執行のために必要と認める費用について、組合に請求することができる。組合は、その費用が監事の職務執行に必要でないことを証明した場合を除いて、これを拒むことができない。

2　監事は、あらかじめ監査費用の予算を計上するとともに、その支出に当たっては、効率性および適正性に留意しなければならない。

第4章　監事監査の環境整備

（代表理事との定期的会合）

第14条

監事は、代表理事と定期的に会合をもち、代表理事の経営方針を確かめるとともに、組合が対処すべき課題、組合を取り巻くリスクのほか、監事監査の環境整備の状況、監査上の重要課題等について意見を交換し、代表理事との相互認識と信頼関係を深めるよう努めるものとする。

（監事監査の実効性を確保する体制）

第15条

1　監事は、監査の実効性を高め、かつ、監査職務を円滑に執行するための体制の確保に努めなければならない。

2　前項の体制を確保するため、監事は、理事又は理事会に対して監事の職務を補助すべき職員（以下「監事スタッフ」という。）等その他次に掲げる事項に関する必要な協力を要請するものとする。

①　監事スタッフに関する事項

②　監事スタッフの理事からの独立性に関する事項

③　理事及び職員が監事に報告をするための体制その他の監事への報告に関する体制

④　その他監事の監査が実効的に行なわれることを確保するための体制

（監事スタッフ）

第16条

1　監事は、組合規模、経営上のリスクその他組合固有の事情を考慮し、監事スタッフの体制について検討しなければならない。

2　監事スタッフは、専任であることが望ましい。

（監事スタッフの独立性の確保）

第17条

1　監事は、監事スタッフの業務執行者からの独立性の確保に努めなければならない。

2　監事は、以下の事項の明確化など、監事スタッフの独立性の確保に必要な事項を検討するものとする。

①　監事スタッフの権限

②　監事スタッフの属する組織

③　監事の監事スタッフに対する指揮命令権

④　監事スタッフの人事異動、人事評価、懲戒処分等に対する監事の同意権

（監事への報告に関する体制等）

第18条

1　監事は、理事及び職員等が監事に報告をするための体制その他の監事への報告に関する体制の強化に努めるものとする。

2　監事は、理事が組合に著しい損害を及ぼすおそれのある事実があることを発見したときは、これを直ちに監事に報告することが自らの義務であることを強く認識するよう、理事に対し求めなければならない。

3　前項に定める事項のほか、監事は、理事との間で、監事に対して定期的に報告を行なう事項及び報告を行なう者を、協議して決定するものとする。臨時的に報告を行なうべき事項についても同様とする。

4　あらかじめ理事と協議して定めた監事に対する報告事項について実効的かつ機動的な報告がなされるよう、監事は、規則の制定その他の内部体制の整備を代表理事に求めなければならない。

5　組合に内部通報システムが設置されているときには、監事は、組合の内部通報システムが有効に機能しているかを監視し検証するとともに、提供される情報を監査職務に活用するよう努める。

6　監事は、内部監査部門その他内部統制におけるモニタリング機能を所管する部署（以下「内部監査部門等」という。）との連係体制が実効的に構築・運用されるよう、理事又は理事会に対して体制の整備を要請するものとする。

第5章　業務監査

（理事の職務の執行の監査）

第19条

1　監事は、理事の職務の執行を監査する。

2　前項の職責を果たすため、監事は、次の職務を行なう。

①　監事は、理事会決議その他における理事の意思決定の状況及び理事会の監督義務の履行状況を監視し検証する。

②　監事は、理事が、第22条第1項に定める内部統制システムを適切に構築・運用しているかを監視し検証する。

③ 監事は、理事が組合の目的外の行為その他法令もしくは定款に違反する行為をし、又はするおそれがあると認めたとき、組合に著しい損害又は重大な事故等を招くおそれがある事実を認めたとき、組合の業務に著しく不当な事実を認めたときは、理事に対して助言又は勧告を行うなど、必要な措置を講じる。

④ 監事は、理事から組合に著しい損害が発生するおそれがある旨の報告を受けた場合には、必要な調査を行い、理事に対して助言又は勧告を行うなど、状況に応じ適切な措置を講じる。

3 監事は、前項に定める事項に関し、必要があると認めたときは、理事会の招集又は理事の行為の差止めを求めなければならない。

4 監事は、理事の職務の執行に関して不正の行為又は法令もしくは定款に違反する重大な事実があると認めたときは、その事実を監査報告に記載する。その他、組合員に対する説明責任を果たす観点から適切と考えられる事項があれば監査報告に記載する。

（理事会等の意思決定の監査）

第20条

1 監事は、理事会決議その他において行なわれる理事の意思決定に関して、善管注意義務、忠実義務等の法的義務の履行状況を、以下の観点から監視し検証しなければならない。

① 事実認識に重要かつ不注意な誤りがないこと

② 意思決定過程が合理的であること

③ 意思決定内容が法令又は定款に違反していないこと

④ 意思決定内容が通常の組合経営者として明らかに不合理ではないこと

⑤ 意思決定が理事の利益又は第三者の利益でなく組合の利益を第一に考えてなされていること

2 前項に関して必要があると認めたときは、監事は、理事に対し助言もしくは勧告をし、又は差止めの請求を行わなければならない。

（理事会の監督義務の履行状況の監査）

第21条

監事は、代表理事及び業務を執行する理事がその職務の執行状況を適時かつ適切に理事会に報告しているかを確認するとともに、理事会が監督義務を適切に履行しているかを監視し検証しなければならない。

（内部統制システムの構築・運用の状況の監査）

第22条

1　監事は、組合の理事会決議に基づいて整備される次の体制（本基準モデルにおいて「内部統制システム」という。）に関して、当該理事会決議の内容並びに理事が行う内部統制システムの構築・運用の状況を監視し検証する。

①　理事及び職員等の職務の執行が法令及び定款に適合することを確保するための体制

②　理事の職務の執行に係る情報の保存及び管理に関する体制

③　損失の危険の管理に関する規程その他の体制

④　理事の職務の執行が効率的に行われることを確保するための体制

⑤　組合並びに子会社等から成る組合集団（以下、「組合集団」という。）における業務の適正を確保するための体制

⑥　第15条第2項に定める監事監査の実効性を確保するための体制

2　監事は、内部統制システムの構築・運用の状況についての報告を理事に対し定期的に求めるほか、内部監査部門等との連係及び公認会計士等からの報告等を通じて、内部統制システムの状況を監視し検証する。

3　監事は、内部統制システムに関する監査の結果について、理事又は理事会に報告し、必要があると認めたときは、理事又は理事会に対し内部統制システムの改善を助言又は勧告しなければならない。

4　監事は、監事監査の実効性を確保するための体制に係る理事会決議の状況及び関係する各理事の当該体制の構築・運用の状況について監視し検証し、必要があると認めたときは、代表理事その他の理事との間で協議の機会をもたなければならない。

5　監事は、理事又は理事会が監事監査の実効性を確保するための体制の適切

な構築・運用を怠っていると認められる場合には、理事又は理事会に対して、速やかにその改善を助言又は勧告しなければならない。

6　監事は、内部統制システムに関する監査の結果について、監事会に対し報告をする。

7　監事は、内部統制システムに係る理事会決議の内容が善管注意義務に照らして相当でないと認めたとき、内部統制システムに関する事業報告書の記載内容が著しく不適切と認めたとき、及び内部統制システムの構築・運用の状況において理事の善管注意義務に違反する重大な事実があると認めたときには、その旨を監査報告書に記載する。その他、組合員に対する説明責任を果たす観点から適切と考えられる事項があれば監査報告書に記載する。

（理事の自己契約等の監査）

第23条

1　監事は、次の取引等について、理事の義務に違反する事実がないかを監視し検証しなければならない。

①　自己契約等の取引

②　競業取引

③　組合がする無償の財産上の利益供与（反対給付が著しく少ない財産上の利益供与を含む）

④　連合会又は子会社若しくは組合員等との通例的でない取引

2　前項の取引等について、各部門等からの報告又は監事の監査の結果、理事の義務に違反し、又はするおそれがある事実を認めたときは、監事は、必要な措置を講じなければならない。

3　監事は、第1項以外の重要又は異常な取引等についても、法令又は定款に違反する事実がないかに留意し、併せて重大な損失の発生を未然に防止するよう理事に対し助言又は勧告しなければならない。

（組合不祥事発生時の対応）

第24条

監事は、組合不祥事（法令又は定款に違反する行為その他社会的非難を招く不正又は不適切な行為をいう。）が発生した場合、直ちに理事等から報告を求め、必要に応じて調査委員会の設置を求め調査委員会から説明を受け、当該組合不祥事の事実関係の把握に努めるとともに、原因究明、損害の拡大防止、早期収束、再発防止、対外的開示のあり方等に関する理事及び調査委員会の対応の状況について監視し検証しなければならない。

（事業報告書等の監査）

第25条

1　監事は、事業年度を通じて理事の職務の執行を監視し検証することにより、当該事業年度に係る事業報告書及びその附属明細書（以下「事業報告書等」という。）が適切に記載されているかについて監査意見を形成する。

2　監事は、特定理事から各事業年度における事業報告書等を受領し、理事及び職員等に対し、重要事項について説明を求め、確認を行う。

3　監事は、事業報告書等が法令もしくは定款に従い、組合の状況を正しく示しているかどうかを監査しなければならない。

4　監事は、前3項を踏まえ、事業報告書等が法令もしくは定款に従い、組合の状況を正しく示しているかどうかについての意見を監査報告書に記載する。

5　事業報告書等の監査にあたって、監事は、必要に応じて、公認会計士等との連係を図るものとする。

第6章　会計監査

Aパターン　公認会計士等の監査を受けていない場合（第26条～第28条）

（会計監査）

第26条

監事は、決算関係書類及びその附属明細書が組合の財産及び損益の状況を適正に表示しているかどうかについての意見を形成するために、事業年度を通じて、理事の職務の執行を監視し検証するとともに、組合の資産・負債・純資産の状況及び収益・費用の状況について監査する。

（会計方針等の監査）

第27条

1　監事は、会計方針（会計処理の原則及び手続並びに表示の方法その他決算関係書類作成のための基本となる事項）等が、組合財産の状況、決算関係書類に及ぼす影響、適用すべき会計基準及び公正な会計慣行等に照らして適正であるかについて、検証しなければならない。また、必要があると認めたときは、理事に対し助言又は勧告をしなければならない。

2　組合が会計方針等を変更する場合には、監事は、あらかじめ変更の理由及びその影響について報告するよう理事に求め、その変更の当否について判断しなければならない。

（決算関係書類の監査）

第28条

1　監事は、特定理事から各事業年度における決算関係書類及びその附属明細書を受領し、理事及び職員等に対し、重要事項について説明を求め、確認を行う。

2　監事は、各事業年度における決算関係書類及びその附属明細書を監査し、当該書類が組合の財産及び損益の状況を適正に表示しているかどうかに関する監査意見を形成する。監事は当該意見を監査報告書に記載する。

Bパターン　公認会計士等の監査を受けている場合（第26条～第31条）

（会計監査）

第26条

1　監事は、決算関係書類及びその附属明細書が組合の財産及び損益の状況を適正に表示しているかどうかについての意見を形成するために、事業年度を通じて、理事の職務の執行を監視し検証するとともに、組合の資産・負債・純資産の状況及び収益・費用の状況について監査する。

2　併せて監事は、会計監査の適正性及び信頼性を確保するため、公認会計士等が公正不偏の態度及び独立の立場を保持し、職業的専門家として適切な監査を実施しているかを監視し検証する。

（公認会計士等の職務の遂行が適正に行なわれることを確保するための体制の確認）

第27条

1　公認会計士等の職務の遂行が適正に行なわれることを確保するため、監事は、次に掲げる事項について公認会計士等から通知を受け、公認会計士等が会計監査を適正に行なうために必要な品質管理の基準を遵守しているかどうか、公認会計士等に対して適宜説明を求め確認を行なう。

①　独立性に関する事項その他監査に関する法令及び規程の遵守に関する事項

②　監査、監査に準ずる業務及びこれらに関する業務の契約の受任及び継続の方針に関する事項

③　公認会計士等の職務の遂行が適正に行なわれることを確保するための体制に関するその他の事項

（会計方針等の監査）

第28条

1　監事は、会計方針（会計処理の原則及び手続並びに表示の方法その他決算関係書類作成のための基本となる事項）等が、組合財産の状況、決算関係書類に及ぼす影響、適用すべき会計基準及び公正な会計慣行等に照らして適正であるかについて、公認会計士等の意見を聴取して検証する。また、必要があると認めたときは、理事に対し助言又は勧告をしなければならない。

2　組合が会計方針等を変更する場合には、監事は、あらかじめ変更の理由及びその影響について報告するよう理事に求め、その変更の当否についての公認会計士等の意見を聴取し、その相当性について判断する。

（決算関係書類の監査）

第29条

1　監事は、特定理事から各事業年度における決算関係書類及びその附属明細書を受領し、理事及び職員等に対し、重要事項について説明を求め、確認を行なう。

2　監事は、各事業年度における決算関係書類及びその附属明細書を監査し、当該書類が組合の財産及び損益の状況を適正に表示しているかどうかに関する監査意見を形成する。監事は当該意見を監査報告書に記載する。

3　監事は、前項の監査意見を形成するにあたり、公認会計士等の監査の方法及び結果の相当性について判断しつつ、公認会計士等の監査の結果を参考にするものとする。

（公認会計士等の再任・選任等）

第30条

1　監事は、公認会計士等の再任の適否について、公認会計士等の職務の遂行の状況等を考慮し、毎期検討する。

2　監事は、組合が公認会計士等を選任する場合には、公認会計士等の選任に関する議案を総(代)会に提出すること又は公認会計士等の解任もしくは不再任に関する議案を総(代)会の目的とすることについて、同意の当否を判断しなければならない。

3　監事は、理事に対し、公認会計士等の選任に関する議案を総(代)会に提出すること又は公認会計士等の解任もしくは不再任に関する議案を総(代)会の目的とすることを請求することができる。

（公認会計士等の報酬等）

第31条

監事は、公認会計士等の監査計画の内容、非監査業務の委託状況等も勘案のうえ、公認会計士等に対する監査報酬の額その他監査契約の内容が適切であるかについて、契約毎に検証し、同意の当否を判断しなければならない。

第7章　監査の方法

Aパターン　公認会計士等監査を受けていない場合（第29条）

（監査計画及び業務の分担）

第29条

1　監事会は、内部統制システムの構築・運用の状況にも留意のうえ、重要性、適時性その他必要な要素を考慮して監査方針をたて、監査対象、監査の方法及び実施時期を適切に選定し、監査計画を作成する。この場合、監査上の重要課題については、重点監査項目として設定するものとする。

2　監事会は、効率的な監査を実施するため、適宜、内部監査部門等との協議又は意見交換を経て、監査計画を作成する。

3　監事会は、組織的かつ効率的に監査を実施するため、監査業務の分担を定める。

4　監事会は、監査方針及び監査計画を代表理事及び理事会に説明する。

5　監査方針及び監査計画は、必要に応じ適宜修正する。

Bパターン　公認会計士等監査を受けている場合（第32条～第33条）

（監査計画及び業務の分担）

第32条

1　監事会は、内部統制システムの構築・運用の状況にも留意のうえ、重要性、適時性その他必要な要素を考慮して監査方針をたて、監査対象、監査の方法及び実施時期を適切に選定し、監査計画を作成する。この場合、監査上の重要課題については、重点監査項目として設定するものとする。

2　監事会は、効率的な監査を実施するため、適宜、公認会計士等及び内部監査部門等との協議又は意見交換を経て、監査計画を作成する。

3　監事会は、組織的かつ効率的に監査を実施するため、監査業務の分担を定める。

4　監事会は、監査方針及び監査計画を代表理事及び理事会に説明する。

5　監査方針及び監査計画は、必要に応じ適宜修正する。

（公認会計士等との連係）

第33条

1　監事は、公認会計士等と定期的に会合をもつなど、緊密な連係を保ち、積極的に意見及び情報の交換を行い、効率的な監査を実施するよう努めなければならない。

2　監事は、公認会計士等から監査計画の概要を受領し、監査重点項目等について説明を受け、意見交換を行わなければならない。

3　監事は、必要に応じて公認会計士等の往査及び監査講評に立ち会うほか、公認会計士等に対し監査の実施経過について、適宜報告を求めることができる。

4　公認会計士等から理事の職務の執行に関して不正の行為又は法令もしくは定款に違反する重大な事実がある旨の報告を受けた場合には、監事は、必要な調査を行い、理事に対して助言又は勧告を行うなど、必要な措置を講じなければならない。

5　監事は、業務監査の過程において知り得た情報のうち、公認会計士等の監査の参考となる情報又は公認会計士等の監査に影響を及ぼすと認められる事項について公認会計士等に情報を提供するなど、公認会計士等との情報の共有に努める。

共　　通

（内部監査部門等との連係による組織的かつ効率的監査）

第30条（34条）

1　監事は、組合の業務及び財産の状況の調査その他の監査職務の執行にあたり、内部監査部門等と緊密な連係を保ち、効率的な監査を実施するよう努めなければならない。

2　監事は、内部監査部門等からその監査計画と監査結果について定期的に報告を受け、必要に応じて調査を求めるものとする。監事は、内部監査部門等の監査結果を内部統制に係る監事監査に実効的に活用する。

3　監事は、理事のほか、コンプライアンス所管部門、リスク管理所管部門、経理部門、財務部門その他内部統制機能を所管する部署（本条において「内部統制部門」という。）から内部統制システムの構築・運用の状況について定期的かつ随時に報告を受け、必要に応じて説明を求めなければならない。

4　監事会は、各監事からの報告を受けて、理事又は理事会に対して助言又は勧告すべき事項を検討する。ただし、監事会の決定は各監事の権限の行使を妨げるものではない。

（理事会への出席・意見陳述）

第31条（35条）

1　監事は、理事会に出席し、かつ、必要があると認めたときは、意見を述べなければならない。

2　監事は、理事が不正の行為をし、もしくは当該行為をするおそれがあると認めたとき、又は法令もしくは定款に違反する事実もしくは著しく不当な事実があると認めたときは、遅滞なく、その旨を理事会に報告しなければならない。

3　監事は、理事会に前項の報告をするため、必要があると認めたときは、理事会の招集を請求しなければならない。また、請求後、一定期間内に招集の通知が発せられない場合は、自らが招集することができる。

4　監事は、理事会議事録に議事の経過の要領及びその結果、その他法令で定める事項が適切に記載されているかを確かめ、出席した監事は、署名又は記名押印しなければならない。

（理事会の書面決議）

第32条（36条）

理事が理事会の決議の目的である事項について法令の規定に従い当該決議を省略しようとしている場合には、監事は、その内容（理事会の決議を省略することを含む）について審議し、必要があると認めたときは、異議を述べなければならない。

（重要な会議等への出席）

第33条（37条）

1　監事は、理事会のほか、重要な意思決定の過程及び職務の執行状況を把握するためその他の重要な会議又は委員会に出席し、必要があると認めたときは意見を述べなければならない。

2　前項の監事が出席する会議に関して、監事の出席機会が確保されるよう、監事は、理事等に対して必要な要請を行うものとする。

3　第1項の会議又は委員会に出席しない監事は、当該会議等に出席した監事又は理事もしくは職員等から、付議事項についての報告又は説明を受け、関係資料を閲覧する。

（文書・情報管理の監査）

第34条（38条）

1　監事は、主要な稟議書その他業務執行に関する重要な書類を閲覧し、必要があると認めたときは、理事又は職員等に対しその説明を求め、又は意見を述べなければならない。

2　監事は、所定の文書・規程類、重要な記録その他の重要な情報が適切に整備され、かつ、保存及び管理されているかを調査し、必要があると認めたときは、理事又は職員等に対し説明を求め、又は意見を述べなければならない。

（組合の開示情報の監査）

第35条（39条）

1　監事は、開示される組合情報の透明性と信頼性を確保するために、理事が適切な情報作成及び情報開示の体制を構築し、明確な情報開示基準を制定し運用しているかを監視し検証しなければならない。

2　監事は、組合が開示する情報につき、担当理事又は職員等に対しその重要事項について説明を求めるとともに、開示される情報に重要な誤りがなく、かつ、内容が誤解を生ぜしめるものでないかを検証しなければならない。

3　監事は、重大な事故又は災害、重大な係争事件など、組合の健全性に重大な影響のある事項について、理事が情報開示を適時適切な方法により、かつ、十分に行っているかを監視し検証しなければならない。

（理事及び職員等に対する調査等）

第36条（40条）

1　監事は、理事及び職員等に対し事業の報告を求め、又は組合の業務及び財産の状況を調査する。

2　監事は、必要に応じ、ヒアリング、往査その他の方法により調査を実施し、十分に事実を確かめ、監査意見を形成するうえでの合理的根拠を求めなければならない。

（組合財産の調査）

第37条（41条）

1　監事は、重要な組合財産の取得、保有及び処分の状況について調査しなければならない。

2　監事は、理事が組合の資産及び負債を適切に管理しているかを調査しなければならない。

3　監事は、組合財産の実質価値の把握に努めるよう心掛ける。

（組合集団の調査）

第38条（42条）

1　監事は、理事及び職員等から、子会社等の管理の状況について報告又は説明を受け、関係書類を閲覧する。

2　監事は、その職務の執行にあたり、子会社等の監査役、内部監査部門等及び公認会計士等と積極的に意思疎通及び情報の交換を図るように努めなければならない。

3　監事は、その職務を行うため必要があるときは、子会社等に対し事業の報告を求め、又はその業務及び財産の状況を調査しなければならない。

第8章　組合員代表訴訟への対応

（理事と組合間の訴えの代表）

第39条（43条）

監事は、組合が理事に対し又は理事が組合に対し訴えを提起する場合には、組合を代表しなければならない。

（理事の責任の一部免除に関する同意）

第40条（44条）

1　理事の責任の一部免除に関する議案を総(代)会に提出することに対する監事の全員の同意を行なうにあたり、監事は、責任の一部免除の理由、監事が行なった調査結果、当該事案について判決が出されているときにはその内容等を十分に吟味し、かつ、必要に応じて外部専門家の意見も徴して判断を行なうものとする。

2　前項の同意の当否判断のために行なった監事の調査及び検討の過程と結果については、監事は、記録を作成し保管するものとする。

（組合員代表訴訟の提訴請求の受領、不提訴理由の通知）

第41条（45条）

1　監事は、理事に対しその責任を追及する訴えを提起するよう組合員から請求を受けた場合には、速やかに他の監事に通知するとともに、他の監事とその対応を十分に審議のうえ、提訴の当否について判断しなければならない。

2　前項の提訴の当否判断にあたって、監事は、被提訴理事のほか関係部署から状況の報告を求め、又は意見を徴するとともに、関係資料を収集し、外部専門家から意見を徴するなど、必要な調査を適時に実施しなければならない。

3　監事は、第１項の判断結果について、理事会及び被提訴理事に対して通知する。

4　第１項の判断の結果、責任追及の訴えを提起しない場合において、提訴請求組合員又は責任追及の対象となっている理事から請求を受けたときは、監事は、当該請求者に対し、遅滞なく、次に掲げる事項を記載した書面を提出し、責任追及の訴えを提起しない理由を通知しなければならない。この場合、監事は、外部専門家の意見を徴したうえ、他の監事との審議を経て判断する。

①　監事が行なった調査の内容（次号の判断の基礎とした資料を含む）

②　被提訴理事の責任又は義務の有無についての判断

③　被提訴理事に責任又は義務があると判断した場合において、責任追及の訴えを提起しないときは、その理由

5　監事は、提訴の当否判断のために行なった調査及び審議の過程と結果について、記録を作成し保管するものとする。

（補助参加の同意）

第42条（46条）

組合員代表訴訟において組合が被告理事側へ補助参加することに対する監事の全員の同意の当否判断にあたって、監事は、代表理事及び被告理事のほか関係部署から状況の報告を求め、又は意見を徴し、必要に応じて外部専門家からも意見を徴するものとする。監事は、補助参加への同意の当否判断の過程と結果について、記録を作成し保管するものとする。

（訴訟上の和解）

第43条（47条）

1　監事は、組合員代表訴訟について原告組合員と被告理事との間で訴訟上の和解を行なう旨の通知及び催告が裁判所からなされた場合には、速やかに他の監事とその対応を十分に審議し、和解に異議を述べるかどうかを判断しなければならない。

2　前項の訴訟上の和解の当否判断にあたって、監事は、代表理事及び被告理事のほか関係部署から状況の報告を求め、又は意見を徴し、必要に応じて外

部専門家からも意見を徴するものとする。監事は、訴訟上の和解の当否判断の過程と結果について、記録を作成し保管するものとする。

第９章　監査の報告

（監査内容等の報告・説明）

第44条（48条）

監事は、監査活動及び監査結果に対する透明性と信頼性を確保するため、自らの職務遂行の状況や監査の内容を必要に応じて説明することが監事の重要な責務であることを、自覚しなければならない。

（監査調書の作成）

第45条（49条）

監事は、監査調書を作成しておかなければならない。当該監査調書には、監事が実施した監査方法及び監査結果、並びにその監査意見の形成に至った過程及び理由等を記録する。

（代表理事及び理事会への報告）

第46条（50条）

1　監事は、監査の実施状況とその結果について、定期的に代表理事及び理事会に報告する。

2　監事は、その期の重点監査項目に関する監査及び特別に実施した調査等の経過及び結果を代表理事及び理事会に報告し、必要があると認めたときは、助言又は勧告を行うほか、状況に応じ適切な措置を講じなければならない。

（監査報告の作成・通知）

第47条（51条）

1　監事は、決算関係書類及び事業報告書並びにこれらの附属明細書を監査して、監査結果を監事会に報告する。

2　監事は、監査結果を監事会に報告するにあたり、理事の法令又は定款違反行為及び後発事象の有無等を確認したうえ、監事会に報告すべき事項があるかを検討する。

3　監事は、監事の報告した監査結果に基づき、監事会において審議のうえ、監査意見の一致が図れた場合は監事連名の監査報告書を作成することができる。一致が図れなかった場合は、各監事において監査報告書を作成する。また、監査報告書には、作成期日を記載し、作成した監事が署名又は記名押印する。

4　特定監事は、決算関係書類及び事業報告書並びにこれらの附属明細書に係る監査報告の内容を特定理事に通知する。

5　前項において、特定監事は、決算関係書類及び事業報告書並びにこれらの附属明細書に係る監査報告の内容を、決算関係書類及び事業報告書の全部を受領した日から四週間を経過した日までに特定理事に通知できない場合には、特定理事との間で通知すべき日を伸長する合意をすることができる。

（総(代)会への報告・説明等）

第48条（52条）

1　監事は、総(代)会に提出される議案及び書類について法令もしくは定款に違反し又は著しく不当な事項の有無を調査し、当該事実があると認めた場合には、総(代)会において意見を報告しなければならない。また、監事は、監事の説明責任の観点から、必要に応じて総(代)会において自らの意見を述べるものとする。

2　監事は、総(代)会において組合員が質問した事項については、議長の議事運営に従い説明する。

3　監事は、総(代)会議事録に議事の経過の要領及びその結果、その他法令で定める事項が適切に記載されているかを確かめる。

監事の監査報告文例の設定にあたって

1　この文例は、監事が生協法に定める監査報告を作成する際の参考に供する目的で、その様式、用語を示すものである。なお、法令上は「監査報告」であるが、実務における慣行に則って本文例は「監査報告書」と表記している。もちろん「監査報告」と表示することもできる。

文例は、「公認会計士の監査を受けていない組合の監事の監査報告」「任意監査として公認会計士又は監査法人の監査を受けている組合の監事の監査報告」の２種類である。

本来、監査報告は、各組合の監査の実状に基づいて作成するものである。監事は、生協法及び生協法施行規則に従い、監査の実態を正確に反映した監査報告を作成することが強く求められる。

なお、本文例は、組合員に提供される監査報告であり、各監事が監事会等に対して監査結果を文章により報告する場合は、この文例による必要はなく、任意に作成して差し支えない。

2　監事が作成する監査報告については、法令上、「事業報告書に係る監査報告」と「決算関係書類に係る監査報告」の作成について、それぞれ別個の規定が設けられている。しかし、監事による監査は、事業報告書に係る監査と決算関係書類に係る監査とが相互に密接に関係しており、かつ、多くの共通性を有している。そのため、本文例では、「事業報告書に係る監査報告」と「決算関係書類に係る監査報告」をまとめて作成する方法を基本的な作成方法として採用することとした。

3　監事会は生協法に規定がなく、従って監事会に監査報告の作成権限はない。2種類の監査報告文例の作成者はいずれも監事である。各監事は監査結果を監事会に報告する。監事会では各監事の監査結果を審議し、意見の一致を図れた場合には監事連名で１通の監査報告書を作成する。意見の一致が図れなかった場合には各監事が監査報告書を作成する。

4　監事が作成すべき監査報告の記載内容は、生協法施行規則第131条、第132条によって規定されており、具体的な記載内容は下記の通りである。

〈監事の監査報告の記載内容〉（生協法施行規則第131条、第132条）

1　監事の監査の方法及びその内容

2　事業報告書及びその附属明細書が法令又は定款に従い当該組合の状況を正しく示しているかどうかについての意見

3　当該組合の理事の職務の遂行に関し、不正の行為又は法令若しくは定款に違反する重大な事実があったときは、その事実

4　決算関係書類（剰余金処分案又は損失処理案を除く。）及びその附属明細書が当該組合の財産及び損益の状況をすべての重要な点において適正に表示しているかどうかについての意見

5　剰余金処分案又は損失処理案が法令又は定款に適合しているかどうかについての意見

6　剰余金処分案又は損失処理案が当該組合の財産の状況その他の事情に照らして著しく不当であるときは、その旨

7　監査のため必要な調査ができなかったときは、その旨及びその理由

8　追記情報（監事が説明又は強調する必要があると判断した場合に記載する。）

　(1)　正当な理由による会計方針の変更

　(2)　重要な偶発事象

　(3)　重要な後発事象

9　監査報告を作成した日

ここに示す文例は、この厚生労働省令の規定に準拠して作成したものである。

5　監査報告における「監査の方法及びその内容」については、監査の信頼性を正確に判断できるように配慮しながら、監事が実際に行なった監査の方法について明瞭かつ簡潔に記載しなければならない。本文例において、通常実施されていると思われる方法及びその内容を示している。ただし、「監査の方法及びその内容」は、各組合の組織、内部統制システムの整備状況、監事の職務分担の違い等により多様なものであることが予想される。本文例では、多様な記載が予想される該当箇所及び留意が必要な該当箇所に注記を付し、適宜解説を加

えているので、それら注記等を参考として監査報告を作成されたい。

監査報告は監事の善管注意義務の履行を前提として作成されるものであることはいうまでもない。監事は、当該義務を果たしたことを裏付けるために、監査の基準等を明確にし、監査の記録・監事会の議事録等を整備しておかなければならない。

6　『旧生協監事監査ハンドブック』所収の『生協監事監査実施要領』の参考資料として示されている『内部統制システムに関する理事会決議を行なった組合の監事の監査報告文例』は、前1項に示した2種類の文例の中で、「監査の方法及びその内容」には反映させたが、監査の結果については取り入れていない。

生協法では内部統制に関する監査結果の報告を求めていない。本モデルの監査報告文例に示すと、記載しなければならないと受止められかねない恐れがある。一方、実施要領で示されている内部統制システムに関わる監査は、多岐にわたる監査の実施を求めている。監査報告に監査結果を記載する上では、ここに示された監査の内容及び判断基準を十分に理解し、一定の水準の監査実態が形成されていることが求められる。監査の実態を踏まえ、内部統制システムの監査の結果を監査報告に記載することは、各組合監事の主体的な判断による。

別　紙

組合員に対して提供される監査報告文例

1　公認会計士等の監査を受けていない組合の監事の監査報告

監　査　報　告　書

私たち監事は、○年○月○日から○年○月○日までの第○期事業年度の理事の職務の執行を監査いたしました。その方法及び結果につき以下のとおり報告いたします。(注1)

1　監査の方法及びその内容 (注2)

監事会は、監査の方針、職務の分担等を定め、各監事から監査の実施状況及び結果について報告を受けるほか、理事等からその職務の執行状況について報告を受け、必要に応じて説明を求めました。(注3)

各監事は、監事会の定めた監査の基準 (注4) に準拠して、他の監事と意思疎通および情報交換を図るほか、監査方針、職務の分担等 (注5) に従い、理事、内部監査部門等 (注6) その他の職員等と意思疎通を図り、情報の収集及び監査の環境の整備に努めるとともに、理事会その他重要な会議に出席し、理事及び職員等からその職務の執行状況について報告を受け、必要に応じて説明を求め、重要な決裁書類等を閲覧し、本部及び主要な事業所において業務及び財産の状況を調査いたしました。また、理事の職務の執行が法令及び定款に適合することを確保するための体制その他組合業務の適正を確保するために必要な体制の整備に関する理事会決議の内容及び当該決議に基づいて整備されている体制（内部統制システム）の構築・運用の状況について定期的に報告を受け、必要に応じて説明を求めました。(注7)

子会社等 (注8) については、子会社等の取締役及び監査役等と意思疎通及び情報の交換を図り、必要に応じて子会社等から事業の報告を受けました。以上の方法に基づき、当該事業年度に係る事業報告書及びその附属明細書について検討いたしました。

さらに、会計帳簿又はこれに関する資料の調査を行ない、当該事業年度に係る決算関係書類（貸借対照表、損益計算書、剰余金処分案）及びその附属明細書について検討いたしました。

2　監査の結果 (注9)

(1)　事業報告書等の監査結果 (注16) (注17) (注18) (注19)

一　事業報告書及びその附属明細書は、法令及び定款に従い、組合の状況を正しく示しているものと認めます。

二　理事の職務の執行 (注10) に関する不正の行為又は法令もしくは定款に違反する重大な事実は認められません。

(2)　決算関係書類（剰余金処分案を除く）及びその附属明細書の監査結果

決算関係書類（剰余金処分案を除く）及びその附属明細書は、組合の財産及び損益の状況をすべての重要な点において適正に表示しているものと認めます。

(3)　剰余金処分案の監査結果

剰余金処分案は法令及び定款に適合し、かつ、組合財産の状況その他の事情に照らして指摘すべき事項は認められません。

3　追記情報（記載すべき事項がある場合）(注11)

○年○月○日 (注12)

○○生活協同組合

監事○○○○　印

監事○○○○　印

(自署) (注13)

2　任意監査として公認会計士等の監査を受けている組合の監事の監査報告

監 査 報 告 書

私たち監事は、○年○月○日から○年○月○日までの第○期事業年度の理事の職務の執行を監査いたしました。その方法及び結果につき以下のとおり報告いたします。(注1)

1　監査の方法及びその内容(注2)

監事会は、監査の方針、職務の分担等を定め、各監事から監査の実施及び結果について報告を受けるほか、理事等及び公認会計士(注14)からその職務の執行状況について報告を受け、必要に応じて説明を求めました。(注3)

各監事は、監事会の定めた監査の基準(注4)に準拠して、他の監事と意思疎通および情報交換を図るほか、監査方針、職務の分担等(注5)に従い理事、内部監査部門等(注6)その他の職員等と意思疎通を図り、情報の収集及び監査の環境の整備に努めるとともに、理事会その他重要な会議に出席し、理事及び職員等からその職務の執行状況について報告を受け、必要に応じて説明を求め、重要な決裁書類等を閲覧し、本部及び主要な事業所において業務及び財産の状況を調査いたしました。また、理事の職務の執行が法令及び定款に適合することを確保するための体制その他組合業務の適正を確保するために必要な体制の整備に関する理事会決議の内容及び当該決議に基づいて整備されている体制（内部統制システム）の構築・運用の状況について定期的に報告を受け、必要に応じて説明を求めました。(注7)

子会社等(注8)については、子会社等の取締役及び監査役等と意思疎通及び情報の交換を図り、必要に応じて子会社等から事業の報告を受けました。以上の方法に基づき、当該事業年度に係る事業報告書及びその附属明細書について検討いたしました。

さらに、会計帳簿又はこれに関する資料の調査を行い、当該事業年度に係る決算関係書類（貸借対照表、損益計算書、剰余金処分案）及びその附属明細書

について検討いたしました。また公認会計士（注14）の監査の方法及び結果の相当性を判断し、参考にしました。（注15）

以上の方法に基づき、当該事業年度に係る決算関係書類（貸借対照表、損益計算書、剰余金処分案）及びその附属明細書について検討いたしました。

2　監査の結果（注9）

(1) 事業報告書等の監査結果（注16）（注17）（注18）（注19）

一　事業報告書及びその附属明細書は、法令及び定款に従い、組合の状況を正しく示しているものと認めます。

二　理事の職務の執行（注10）に関する不正の行為又は法令もしくは定款に違反する重大な事実は認められません。

(2) 決算関係書類（剰余金処分案を除く）及びその附属明細書の監査結果

決算関係書類（剰余金処分案を除く）及びその附属明細書は、組合の財産及び損益の状況をすべての重要な点において適正に表示しているものと認めます。

(3) 剰余金処分案の監査結果

剰余金処分案は法令及び定款に適合し、かつ、組合財産の状況その他の事情に照らして指摘すべき事項は認められません。

3　追記情報（記載すべき事項がある場合（注11）

○年○月○日（注12）

○○生活協同組合

常勤監事○○○○　印（注20）

員外監事○○○○　印

監事　　○○○○　印

（自署）（注13）

注1　監事の監査意見が異なるときは、各監事が監査報告を作成することに留意する。

注2　「監事の監査の方法及びその内容」については、監事が実際に行なった監査について、概要ではなく、より具体的な方法・内容の記載を要することに留意する。文例上記載されている事項であっても、実際に実施していない監査方法については監査報告に記載できない。

注3　監事会で行ったことを具体的に記載する。

注4　「監査の基準」については、各組合で定めている基準の名称に置き換える。基準を定めていない場合は、「監事の定めた監査の基準に準拠して、」の箇所は省く。

注5　各監事の職務分担を含めた監査計画を策定している場合には、監査上の重要性を勘案し、「職務の分担」に代えて、「監査計画」と記載することが考えられる。

注6　「内部監査部門等」とは、内部監査部門その他内部統制におけるモニタリング機能を所管する部署を言う。

注7　理事会の決議に基づいて整備される内部統制システムの構築・運用に関する監査の実施内容について具体的に記載する。決議を行なっていない場合は「・・・必要な体制整備の状況について報告を受け」などの表記が考えられる。

注8　「子会社等」については、組合により規定の仕方（名称）が異なる場合が考えられるので、各組合の監事監査規則において定められた名称に置き換える。

注9　「監査の結果」の項に関して指摘すべき事項がある場合には、その旨とその事実について明瞭かつ簡潔に記載する。なお、監査のために必要な調査ができなかったときは、その旨及びその理由を該当する項に記載する。

注10　理事の職務の執行に関する不正の行為又は法令もしくは定款に違反する重大な事実を認めた場合には、その事実を具体的に記載する。「職務の執行」は、法令上の文言に従って「職務の遂行」（生協法施行規則第132条第3号）と記載することも考えられる。

注11　追記情報とは、「正当な理由による会計方針の変更」、「重要な偶発事象」、

「重要な後発事象」、その他の事項のうち、監事の判断に関して、説明を付す必要がある事項又は決算関係書類及びその附属明細書の内容のうち強調する必要がある事項である（生協法施行規則第131条）。

注12　監査報告作成日は、「監査報告を作成した日」として法定記載事項とされていることに留意する（生協法施行規則第131条第1項7号、第132条5号、第137条7号、第141条5号）。

注13　監査報告の真実性及び監査の信頼性を確保するためにも、各監事は自署した上で押印することが望ましい。

注14　監査法人の場合には、監査法人とする。

注15　公認会計士等監査を受けている場合の会計監査の方法について記載する。

注16　内部統制システムに関する理事会決議を行なった組合で、監査報告に監結果を記載する場合には、次に示す事項のすべてを満たしていれば、「理事会決議の内容が相当である」と記載してもよい。

①　当該理事会決議の内容が、会社法第362条第4項第6号並びに同施行規則第100条第1項及び第3項に定める事項を網羅していること。

②　当該理事会決議の内容が、内部統制システムの整備のための規程類、組織体制、実行計画、監視活動等に関する基本方針を含んでいること。含んでいない場合にはその正当な理由があること。

③　当該理事会決議の内容について、必要な見直しが適宜・適切に行なわれていること。

④　監事が助言又は勧告した内部統制システムの不備に関する指摘の内容が、理事会決議において反映されていること。反映されていない場合には正当な理由があること。

注17　内部統制システムに関する理事の職務執行に問題があるときはその旨。

注18　内部統制システムに関する事業報告書への記載に問題があるときはその旨及びその理由を具体的に記述することが求められる。

注19　なお、期中あるいは直前期において重大な不祥事が生じた場合には、その事実及び原因究明並びに再発防止策の状況は、多くの場合、事業報告書においても記載すべき重要な事項であると考えられる。監事としては、以下に関して意見を述べる。

① 事業報告書における記載内容が適切であるかどうか。

② 再発防止に向けた業務執行の状況が理事の善管注意義務に照らして問題等が認められないか。

注 20　「常勤監事」、「員外監事」の表示方法については、「監事（常勤）」、「監事（員外）」と表示することも考えられる。

（その他）

期中に監事が欠けた場合等は、監査報告書にその事実を具体的に注記する。

著者紹介

麻野 浅一（あさの あさかず）

職歴 ボーソー油脂株式会社代表取締役副社長（1989 年～ 1998 年）
同社常勤監査役（1998 年～ 2002 年）
日本監査役協会 Net 相談室相談員（2002 年～ 2017 年）
同協会理事（2003 年～ 2008 年）
同協会会計委員会委員（2004 年～ 2016 年）
同協会監事（2008 年～ 2014 年）
日本生活協同組合連合会監事（2009 年～ 2015 年）

著書 『監査役のための会計の基礎知識』（税務経理協会、2004 年刊）
『監査役の会計監査 基礎と実務（第 2 版）』（税務経理協会、2008 年刊）
『生協監事のガイドブック』（日本生活協同組合連合会出版部、2011 年刊）
『改訂版　生協監事のガイドブック』（日本生活協同組合連合会出版部、2013 年刊）

2021 年 7 月改訂版　生協監事のガイドブック
監査の基本と実務のポイント

[発行日]
2021 年 7 月 13 日　初版 1 刷

[検印廃止]

[著者]
麻野浅一

[発行者]
二村睦子

[発行元]
日本生活協同組合連合会
〒150-8913　東京都渋谷区渋谷 3-29-8　コーププラザ　電話 03-5778-8183

[制作・印刷]　日経印刷株式会社

Printed in Japan

ISBN 978-4-87332-342-8　C2034 ¥1500E　　落丁本･乱丁本はお取り替えいたします。